KEJI SHUGAO
CHANGJIAN WENTI BIANXI

科技书稿
常见问题辨析

本书编写组 编

中国电力出版社
CHINA ELECTRIC POWER PRESS

内 容 提 要

编辑工作具有很强的实践性，为提高书稿质量，及时总结经验，特组织编写《科技书稿常见问题辨析》一书。

本书包括常见政治性问题、常见思想性问题、内容质量常见问题、书名与标题常见问题、辅文常见问题、语言文字常见问题、编辑加工常见问题等。本书对编辑日常工作中的典型问题进行归纳，以误、正、辨析的形式列举实例。举例力求典型、简明，使读者知何为错，何为对；辨析阐明错误缘由或修改依据，介绍正确的知识，进而触类旁通。

本书可作为出版人员业务培训教材，供从事出版工作的广大编校人员阅读，也可供作者、审稿人参考。

图书在版编目（CIP）数据

科技书稿常见问题辨析／《科技书稿常见问题辨析》编写组编．—北京：中国电力出版社，2015.4
ISBN 978-7-5123-5438-8

Ⅰ．①科…　Ⅱ．①科…　Ⅲ．①编辑工作－研究　Ⅳ．①G232

中国版本图书馆 CIP 数据核字（2014）第 003156 号

中国电力出版社出版、发行

（北京市东城区北京站西街 19 号　100005　http://www.cepp.sgcc.com.cn）
汇鑫印务有限公司印刷
各地新华书店经售

*

2015 年 4 月第一版　　2015 年 4 月北京第一次印刷
850 毫米×1168 毫米　32 开本　4.125 印张　103 千字
印数 0001—3000 册　　定价 **12.00** 元

敬 告 读 者
本书封底贴有防伪标签，刮开涂层可查询真伪
本书如有印装质量问题，我社发行部负责退换
版 权 专 有　　翻 印 必 究

本书编写组

组　长　刘广峰

副组长　肖　兰

成　员　何　郁　胡顺增　刁晶华

　　　　张　涛　杨伟国　王　晶

前　言

　　书籍是知识的源泉，是人类进步的阶梯，是我们传承文化、传播知识、开展交流的重要载体。质量好的书籍对推动社会进步、提高人们思想文化素质能够发挥积极作用；相反，质量平庸的图书传播庸俗颓废的思想和错误无用的知识，内容淫秽、反动的图书还会对社会和人们的思想产生极大的破坏和腐蚀作用。因此，质量是图书的生命线，任何时候图书出版都要坚持"质量第一"的原则，向社会提供优质的精神产品。

　　在图书出版过程中，编辑是质量控制的中心环节，责任编辑是图书质量控制的第一人。图书质量在选题设计中奠定，经书稿三审得到保障，由编辑加工得以提升。编辑要增强责任感，强化质量意识，认真做好选题、组稿、中耕、审稿、加工等各项工作，以对读者高度负责的态度把好图书质量关。

　　中国电力出版社在出版过程中，始终强调"质量第一"原则，重视编辑培训和质量检查工作。在长期的编辑出版实践中，发现了一些书稿中常见的差错现象，这些现象在作者写作时经常出现，而在编辑和校对过程中要尤其注意，避免"习惯性违章"，以免一错再错，习以为常。

　　为了克服写作和编辑出版中常见的差错，辨明这些差错出现的规律，进而在编辑出版过程中加强质量控制，本社质量管理部门组织质量管理人员和业务骨干，从长期的编辑出版工作实践中总结科技书稿中经常出现的各类典型问题，并将其分门别类，从书稿内容、章节结构、语言文字、编辑技术、辅文等方面整理归纳，形成《科技书稿常见问题辨析》一书。本书以枚举实例的方式列出常见差错问题，并加以改正，对这些问题产生的原因进行了分析或阐明修改依据，以使读者能举一反三、触类旁通。本书所选实例典型精练，"误""正""辨析"明确、清晰，差错分析重点突出，知识点介绍简洁明了，旨在为作者写作和出版单位编校人员提供借鉴。

由于这项工作是第一次，难免在总结和提炼方面存在欠妥和不足之处，敬请读者给予批评指正。

目　录

绪　　论

图书出版工作是一个系统工程，而编辑工作是出版工作的中心环节。图书编辑工作是以信息传播为目的，以选择和加工为特征的社会文化活动。编辑是文化创作的参与者，从出版物的构思、提出修改意见，到具体帮助作者完善作品的内容和形式，都包含着编辑的创造性劳动。

一、编辑的工作任务

就流程来说，编辑工作一般包括选、组、审、编四个过程，编辑要负责选题的策划、作者的选择、内容的审定和加工并保证内容质量。在整个工作过程中，责任编辑起着极其重要的作用。

编辑是图书选题的构思者。一部自主策划的图书，始于编辑的构思和策划。编辑通过大量的市场调查和研究，分析市场需求和读者心理，最终确定选题定位。在选题策划的过程中，编辑构思起着主导作用。

编辑是书稿框架的梳理者。书稿动笔写作前，必须要有整体构思和基本完整的框架，书稿是否符合出版的意图，首先要对框架结构进行初步判断。编辑应用专业知识、逻辑知识、写作知识、编辑经验等，对框架结构进行判断、梳理和调整，使书稿结构合理、重点突出、承接自然，各部分浑然一体。

编辑是书稿政治方向的把关者。政治素质与修养是编辑出版工作最基本的前提，编辑应具备正确的政治观点，具有敏锐的政治嗅觉，善于发现并改正错误的政治倾向和错误的文字表述，将可能产生的政治错误消灭在出书前。

编辑是图书质量的把控者。编辑对作者的专业学术水平、文字表达能力、组织协调能力最了解，在对书稿内容进行阅读、加工、取舍的基础上，从出版专业角度进行审视，鉴别书稿的学术价值和写作质量，并通过自身的努力，帮助作者发现问题所在，指导作者改进质量。编辑所掌握质量的尺度，往往是一部书稿质量的标准。

编辑是出版规范的执行者。出版是一门学问，不同类别的著作各有不同的写作规范，学术专著、标准规程、科技著作、文学艺术作品、文献典籍等都有各自的写作要求。出版物既要遵守各学科各专业相应的国家标准和行业标准，如量和符号、名词术语、标点符号、法定计量单位等，也要遵守体例格式、语法规则、规范用语等出版规范和准则。使书稿符合出版规范和相关标准的要求，是作品质量的基本保证。

编辑是书稿科学性的判定者。科技图书的价值在于其科学性和可读性，而科学性需要编辑运用多种方法，借助相关力量，同时运用自身积累的科学文化知识和语言逻辑知识进行研判。

编辑是著作权法规的执行者。图书编辑必须掌握著作权法的基本原则，知悉著作权保护的主体、客体、内容和期限，以及侵权的相关法律责任。编辑负责与作者签订出版合同，必须了解作品的原创性，明确著述方式和署名方式，以及参考资料的处理方式，向作者宣传著作权知识，避免出现侵权现象。

编辑是图书版式和装帧的策划者。设计质量是图书整体质量的重要组成部分，图书外部装帧和内文版式的全面设计包括封面及其附件、开本、装订形式、使用材料、正文及辅文等设计，是一个相互联系的整体。编辑要有总体构思和指导意见，最终的设计风格必须符合编辑的整体策划思路、符合市场定位、满足读者喜好。

编辑是书稿语言文字的修饰者。对语言文字的加工和润饰是编辑的基本功，使表达准确、合乎逻辑、顺畅可读是编辑加工最基本和最大量的工作。编辑要花费大量的时间对书稿进行修改和整理，力求提高书稿的思想、科学和文字水平，消除内容和形式上存在的缺陷和差错，确保图书质量。

编辑是读者和作者的良师益友。满足读者需要是编辑工作的目的和动力，编辑要为读者着想，注意各层次读者不同的阅读需求和阅读兴趣，充分满足、引导和提高读者的欣赏趣味和鉴赏能力，从而在出版社周围形成稳定的读者群。编辑是读者和作者间的桥梁，编辑指导作者按照读者需求和出版意图完成写作，编辑和作者相互依存、互相配合。发现和培养好的作者，成就和推荐好的作品，是编辑的重要任务，是出版优质高效图书的基础。

二、书稿中的常见问题

驾驭书稿，是编辑业务能力的体现；发现书稿中常见的问题，并指导作者加以改正，是对编辑把控书稿质量的工作要求。

书稿中常见问题一般可归纳为书稿内容问题、书名与标题问题、语言文字问题、编辑加工技术问题和辅文问题等。掌握这些问题出现的规律，有助于快速识别和纠正差错，提高书稿质量。

1. 书稿内容问题

书稿内容是作者思想的表达，是构成书稿的基体成分。书稿内容常见问题通常表现为：

（1）思想政治问题。书稿内容涉及国家主权、民族宗教、港澳台、封建迷信等问题时，不能与国家政策和法律法规保持一致属于思想政治问题。解决这些问题就要多了解国家相关政策、法律法规，提高政治敏感性，提高对思想政治问题的把握能力。

（2）内容质量问题。文题不对应、内容陈旧、内容不准确、结构不合理、知识性问题等属于内容质量问题。解决这些问题就要树立正确的辩证唯物观，关注有关专业的技术发展趋势，熟悉并掌握本专业基本原理和基础知识，并且有效发挥专家对书稿内容的审查作用，指导作者改正差错。

（3）著作权问题。引用他人作品不当、涉及抄袭他人作品等侵犯知识产权的行为，是图书出版的大忌。解决这些问题就要增强法律意识，尊重他人的著作权，掌握合理引用和过量抄袭的区别，指导作者合理使用和参考他人作品内容。

2. 书名与标题问题

书名体现书稿内容及特点，书稿在编写形式、内容方面应与书名吻合。标题揭示图书章节内容及结构，应准确概括，以便读者快速了解全书内容。书稿应结构清晰、层次分明、主题突出、衔接自然。解决标题设置不准确、标题层次错位等问题就要根据书稿内容整体规划，突出主题和重点内容，做到层次分明、详略得当。

3. 语言文字问题

语言文字是作品思想的表达形式，规范使用语言文字才能保证正确表达书稿内容，而流畅优美的文字可增加书稿的可读性和趣味性。语言文字问题通常表现为逻辑性问题、字词问题、语法问题、标点符号和翻译问题等。解决这些问题主要靠编辑的语言文字功底，或直接进行润色，或指导作者修改，通过编辑严谨规范的语言表达习惯，不断培养作者的语言文字表达能力。

4. 编辑加工问题

一部书稿，尤其是科技书，量和单位、图形与符号、插图与表格是其主要风格。但量和单位、文字符号和图形符号、插图与表格、数理符号和计算公式等，经常出现不规范、不准确、不统一、不对应的现象，解决这些问题一定要严格遵循国家标准和行业标准，遵循出版规范要求。这些编辑技术问题是作者最不擅长也是最容易忽视和出错的，需要编辑不断地提示和修正。

5. 辅文问题

文前通常有书名、署名、封面、扉页、版本记录页、内容提要、前言、序言、目录等内容，文后通常有附录、参考文献、索引等内容。辅文应符合相关规定，这些方方面面作者往往难以顾及，需要编辑协助进行归纳和提炼，并指导作者完成。

书稿编辑的过程，就是不断消除差错、不断拾遗补阙、不断润色提高的过程，只有编辑、作者投入大量的精力，才能锤炼出流传百世的精品力作。这对编辑的基本职业素质提出了极高的要求。

三、编辑的基本素质

质量第一是编辑工作的灵魂。严格把关，追求高品位，是编辑素质的内在要求。编辑的素质，是指编辑通过修炼而达到的一种修养、一种水平，它包括政治素质、品德素质和业务素质等几个方面。编辑的综合素质，往往成为书稿质量的基本保证。

政治素质。政治素质是编辑工作的最基本前提。作为一名编辑，首先，应具备科学的世界观，要不断提高政治理论素养，树立正确的政治观念，提高辨别错误观点的能力。其次，应具备敏锐的政治嗅觉，善于发现错误的政治倾向。最后，具备清晰的政策观念，能够正确掌握学术问题与政治问题的关系。

品德素质。编辑神圣的劳动成果，是实现文化积淀、文明传递和思想交流的重要载体。作为编辑，首先要富有事业心，爱岗敬业，默默奉献。其次，要恪守职业道德，对作品负责，对作者负责，对读者负责。最后，具有认真的工作作风，兢兢业业、精益求精。

业务素质。编辑常被称为"杂家"，学识广泛谓之"杂"，术业专攻谓之"家"。要成为一名合格的编辑，首先，必须有扎实的编辑专业功底，成为编辑出版专业的行家里手，成为编辑学、出版学不同层次的专家。其次，要有广博的专业知识，要掌握本专业领域的最新信息，了解相关专业的发展动态。做学者型编辑是对编辑提出的高要求，学者兼编辑的双重职业模式是编辑工作者最理想的工作境界。最后，要有扎实的编辑业务能力，包括指导作者、驾驭书稿的文字能力，选题策划、市场营销的开拓能力，汇聚专家、发动作者的组织能力，把握书稿、掌控内容的鉴别能力，调查研究、社会交往的公关能力等。

编辑工作不是简单的技术工作，有其自身的规律。编辑学是一门独立的学科，编辑要在选题、组稿、审稿、加工整理、整体设计等编辑实践中总结探索编辑出版规律，并以此指导实践活动。如此循环往复，逐步积累实践经验并完善编辑理论，不断提高图书质量，才能不断生产出令读者喜闻乐见、脍炙人口的作品。

1

常见政治性问题

在我国，图书出版中的政治性问题一般指的是关于国家性质和政治体制、党和国家的方针政策、国家主权和领土的完整性、民族宗教统战等方面的问题。如果出现了违反有关规定的情况，就是犯了政治性错误。根据《出版管理条例》等规定，如果图书中含有反对宪法确定的基本原则，危害国家统一、主权和领土完整，泄露国家秘密、危害国家安全或者损害国家荣誉和利益，煽动民族仇恨、民族歧视，破坏民族团结，或者侵害民族风俗、习惯，以及扰乱社会秩序，破坏社会稳定等内容，则意味着内容质量不合格。

图书出版过程中出现的政治性错误，多数不是主观政治立场、意识形态、政治观点和政治倾向性错误，主要是由于对相关规定缺乏了解、语言表述不当，或者是疏忽大意而造成的。对政治性差错的防范主要应从加强学习，提高编校人员的政治敏感性以及对政治性问题的把握能力等处着手。

对于科技图书中常见的政治性问题，以下主要从政治观点问题、涉及国家主权问题、民族宗教问题、涉及港澳台的问题等方面举例辨析。

1.1　政　治　观　点　问　题

1.1.1　涉及政治体制问题

【误】我国实行的是一党制。

【正】我国实行的是中国共产党领导的多党合作和政治协

商制度。

　辨析　我国实行的既不是"一党制"，也不是"多党制"，而是"中国共产党领导的多党合作和政治协商制度"。

【误】×××当选为政协委员。
【正】×××成为政协委员。

　辨析　在我国，政协委员不是由选举产生的，没有"当选"之说。根据《中国人民政治协商会议章程》，政协委员为邀请制，一般需要经过提名（或推荐）、协商、政协常务委员会会议通过和公布这几个步骤。

【误】××自治区/州/县实行民族自治。
【正】××自治区/州/县实行民族区域自治。

　辨析　在我国，实行的是民族区域自治，不能简称为"民族自治"。

【误】全国人大副委员长×××在×××总经理的陪同下，视察了×××水电站。
【正】全国人大常委会副委员长×××在×××总经理的陪同下，视察了×××水电站。

　辨析　"全国人民代表大会常务委员会"简称"全国人大常委会"，不能将"全国人大常委会副委员长"称作"全国人大副委员长"。另外，"全国人大教科文卫委员会"是全国人民代表大会专门委员会之一，是全国人大的常设工作机构，不能称作"全国人大常委会教科文卫委员会"，不应加"常委会"，其"主任委员"不应去掉"委员"二字。

【误】谈到农村电网升级改造，村长表示一定紧密配合。
【正】谈到农村电网升级改造，村主任表示一定紧密配合。

　辨析　"村民委员会主任"简称"村主任"，不得称"村长"。

根据《宪法》"村民委员会是基层群众自治性组织"的规定，村委会成员不属于国家干部，不应称作"村官"。

1.1.2　涉及国家政策方针问题

【误】邓小平南巡讲话

【正】邓小平南方谈话

辨析　"邓小平南巡讲话"的提法已废止。

【误】举世瞩目的三峡枢纽工程是邓小平同志亲自决定的，……

【正】举世瞩目的三峡枢纽工程是经过全国人民代表大会审议并获通过的，……

辨析　大型工程建设项目是要经过严格的论证程序的。三峡工程是在 1992 年 4 月 3 日全国人民代表大会审议通过《关于兴建长江三峡工程的决议》之后，才正式进入建设期的。

【误】有中国特色的社会主义

【正】中国特色社会主义

辨析　中国共产党第十六次全国代表大会报告中已将"有中国特色社会主义"改为"中国特色社会主义"，中国共产党第十七次全国代表大会将"建设中国特色社会主义"改为"发展中国特色社会主义"。但要注意，在论述史实时应使用当时的提法。

1.1.3　涉及法制有关问题

【误】根据××省（区、市）人大颁布的法律，……

【正】根据××省（区、市）人大颁布的法规，……

辨析　在我国，全国人大及其常委会行使国家立法权，制定全国施行的法律，地方不能制定法律。省、自治区、直辖市和经国务院批准的较大的市的人民代表大会，可以依照法定职权制定和颁布在本辖区内实施的地方性法规。国务院根据宪法和法律制定行政法规。国务院各部门以及省、自治区、直辖市和经国务院批准的较大的市的人民政府，依据法律、行政法规可以制定和颁布实施于本部门或本地区的规章。

【误】将罪犯×××带上法庭。

【正】将犯罪嫌疑人×××带上法庭。

辨析　对刑事案件当事人，在法院宣判有罪之前，不使用"罪犯"，而应使用"犯罪嫌疑人"。另外，在民事和行政案件中不要使用"原告将×××推上被告席"这样带有主观色彩的表述。

【误】抢劫犯张林年仅 15 岁。

【正】抢劫犯张某年仅 15 岁。

辨析　书稿中提及涉及案件的未成年人（18 周岁以下）时，不应使用其真实姓名，一般使用真实姓氏加"某"字，不宜使用化名。类似的情况还有：犯罪嫌疑人的家属；涉及案件的妇女和儿童；严重传染病患者；精神病患者；艾滋病患者，等等。

【误】××党委决定给予××行政撤职、开除等处分。

【正】××党委建议给予××撤职、开除等处分。

辨析　党委可以撤销某党员的党内职务，但不能给予行政处分。

1.1.4　涉及行政区划及用语问题

【误】××省新能源发电机组装机容量位列全国各省市（区）第一位。

【正】××省新能源发电机组装机容量位列全国各省（区、市）第一位。

辨析　"全国各省、自治区、直辖市"是提到全国的省级行政单位时的规范说法，可简化为"全国各省、区、市"，或写成"全国各省区市"，也可写作"全国各省（自治区、直辖市）"，简化为

"全国各省（区、市）"。

【误】2012 年××省 GDP（或国内生产总值）增长超过 10%。

【正】2012 年××省生产总值增长超过 10%。

辨析　GDP 表示国内生产总值，泛指国内某一地区时，使用"地区生产总值"，特定地区则以行政区的名字作定语，如"××市生产总值"。

【误】内蒙古幅员辽阔，但人口稀少。

【正】内蒙古地域辽阔（或内蒙古土地辽阔），但人口稀少。

辨析　"幅员"指领土面积，不能用于国内的某个行政区域。

【误】河北省国土面积约××km^2。

【正】河北省土地（或地域）面积约××km^2。

辨析　"国土"指国家的领土，只针对国家，不能用于省级及以下某地的土地面积。

1.2　国家主权问题

1.2.1　涉及国际关系问题

【误】北朝鲜、北韩（North Korea）；南朝鲜（South Korea）、南韩

【正】朝鲜或朝鲜民主主义人民共和国（the Democratic People's Republic of Korea）；韩国（Republic of Korea）

辨析　不能使用"北朝鲜"或"北韩"来称呼朝鲜民主主义人民共和国，可以使用全称或"朝鲜"；英文不应使用 North Korea，可使用全称或缩写 DPRK。不能使用"南朝鲜"或"南韩"来称呼大韩民国，可以使用全称或"韩国"；英文不应使用 South Korea，可使用其全称。但应注意，我国在 1992 年 8

月 24 日与韩国正式建立大使级外交关系之前，对韩国的正式称谓是"南朝鲜"，因此在历史性陈述中，在 1992 年 8 月 24 日之前的称谓不使用"韩国"。

【误】亚太经合组织成员国
【正】亚太经合组织成员（或亚太经合组织成员方）

辨析 一些国际组织的成员既包括国家也包括一些地区，在涉及这类国际组织时，不得使用"成员国"，而应使用"成员"或"成员方"（英文用 member）。如不能使用"世界贸易组织成员国"，而应使用"世界贸易组织成员"或"世界贸易组织成员方"。

【误】内蒙古自治区（简称"内蒙"）位于中国北部，北与俄罗斯联邦和蒙古人民共和国接壤。
【正】内蒙古自治区（简称"内蒙古"）位于中国北部，北与俄罗斯联邦和蒙古国接壤。

辨析 内蒙古自治区不得简称"内蒙"，须简称"内蒙古"。蒙古人民共和国改为蒙古国。蒙古人民共和国于 1924 年 11 月 26 日成立，1991 年改国名为蒙古共和国，1992 年 2 月 12 日改称蒙古国。诸如此类的情况还有：捷克共和国和斯洛伐克共和国自 1993 年 1 月 1 日起分别成为独立的主体国家，国名不应再出现捷克斯洛伐克；在 1990 年 10 月 3 日之后的德国版图上不能再标注民主德国和联邦德国，等等。

【误】与我国接壤的南亚国家有印度、巴基斯坦、尼泊尔、锡金、不丹等。
【正】与我国接壤的南亚国家有印度、巴基斯坦、尼泊尔、不丹等。

辨析 自 2005 年 4 月起，锡金不再是中国的邻国，中国政府已承认它是印度的一个邦。

【误】这次非洲之旅，肯尼亚和象牙海岸给我留下的印象最深。

【正】这次非洲之旅，肯尼亚和科特迪瓦给我留下的印象最深。

辨析 象牙海岸是科特迪瓦共和国独立前的称谓，含有殖民主义色彩，正确的称谓是科特迪瓦。类似的还有加纳共和国，简称加纳，不能用旧称"黄金海岸"，等等。

1.2.2　涉及地图问题

【误】某书设计封面时将中国地图作为底图，没有画南海诸岛。

【正】去掉底图中的地图，或者送审后使用。

辨析 中国地图应完整使用，必须符合《中华人民共和国地图编制出版管理条例》《公开地图内容表示若干规定》等要求，并应按《地图审核管理规定》送审或备案。在封面设计中应尽量避免使用地图作背景图。

【误】某书稿的中国地图彩色示意插图，大陆用一种颜色表示，台湾岛的颜色与大陆不一致。

【正】台湾岛的颜色改为与大陆颜色一致。

辨析 不能用不同颜色将台湾与大陆分隔开来。但在分省设色的地图上，台湾省要单独设色。另外，还应注意地图中"台湾"不能按国名字体标注，"台北"不能以首都格式标注等。

【误】某书稿地图以"麦克马洪线"作为中印东段边界线。

【正】使用国家测绘局公布的中国地图绘制中印边界线。

辨析 除中印边界东段的"麦克马洪线"外，也不得以"约翰逊线"作为中印西段边界线，并且相关地区应注记中国地名。另外，中俄、中哈、中吉、中塔等边界线均应按最新版的中国国界线画法标准样图绘制。

1.2.3 涉密问题

【误】书稿中出现未经授权发布的国家经济数据。

【正】应使用正式公布的国家经济数据。

辨析 轻易披露正在研究中或尚未公布的经济政策和经济决策，以及未经国家有关部门正式公布的计划数字、统计数字和国家经济情况，特别是关于物价、货币、工资、税率、汇率、利率等预期变动情况，某些重要原料和产品的市场需求情况等，往往会给国家利益带来很大的损害。《中华人民共和国保守国家秘密实施办法》规定泄露后可能"损害国家在对外活动中的政治、经济利益""削弱国家经济、科技实力"的应列入保密范围，出版物涉及此类内容时应按有关规定审查。某国外媒体率先报道了关于我国经济增长方面的统计数据，后经查证，是个别国家机关工作人员泄露给该媒体的。后来，泄密者受到了法律的制裁。

【误】未经审批使用绘有完整的输电线路走向、布置，以及电压等精确数据的全国地图。

【正】应使用经过审批的示意图。

辨析 按照国家测绘局 2003 年 5 月发布的《公开地图内容表示若干规定》，"航道水深、船闸尺度、水库库容、输电线路电压等精确数据，桥梁、渡口、隧道的结构形式和河底性质"等属于涉密内容，不得公开。另外，在科技方面，详细描述我国处于国际领先地位或先进水平的重大科技成果，特别是能够反映高新技术领域突破的、反映国家防御和治安实力的科技成果，往往易造成泄密。《中华人民共和国保守国家秘密法》《中华人民共和国科学技术进步法》中有保守国家秘密的规定，《科学技术保密规定》则有更细致的规定，出版方面还有《新闻出版保密规定》，等等，这些法律法规都要求编辑重视科学技术的保密。

1.3 民族宗教问题

1.3.1 涉及民族问题

【误】与我一起工作的是一位维族同胞。

【正】与我一起工作的是一位维吾尔族同胞。

辨析 对于我国各民族，不能随意简称，更不能使用带有污辱性的称呼。"维吾尔族"不能简称为"维族"，"蒙古族"不能简称为"蒙族"，"哈萨克族"不能简称为"哈萨族"，等等。

【误】连一般的小病都看不好，真是个"蒙古大夫"。

【正】连一般的小病都看不好，真是个庸医。

辨析 禁用口头语言或专业用语中含有民族名称的污辱性说法，如不得使用"蒙古大夫"来指代"庸医"，不得使用"蒙古人"来指代"先天愚型"等。

【误】某旅游类书稿的一章专讲天葬，叙述"天葬"的全部细节。

【正】删除该章内容。

辨析 不应描写少数民族不愿公开的习俗。"天葬"是少数民族习俗，不应公开详细描写。

【误】某讲述民族心理学的书对少数民族的婚嫁习俗做丑化介绍。

【正】删除相关内容。

辨析 不应丑化少数民族的婚嫁习俗。对少数民族的婚嫁习俗应客观叙述，尊重他们的风俗习惯。

【误】13 亿炎黄子孙

【正】13 亿中华儿女（或其他正确的表示方式）

辨析 炎黄子孙仅指汉族，13 亿人民是一个多民族大家庭。国家广播电影电视总局 2002 年 2 月颁布的《关于切实把握民族宗教宣传正确导向的通知》规定：宣传中华文明史要多提"中华民族"的概念，慎用"炎黄子孙"的概念，注意表明是各民族共同创造了中华文明。

1.3.2 涉及宗教问题

【误】与穆斯林朋友一起吃饭时，注意不能吃猪肉，不能点毛血旺，可以吃羊肉、狗肉、驴肉什么的。

【正】与穆斯林朋友一起吃饭时，注意不能吃猪肉，不能点毛血旺，可以吃些羊肉、牛肉。

辨析 穆斯林的饮食禁忌并不只局限于猪肉、动物血液制品，也不是不用"猪油"或只用植物油就合乎标准。穆斯林在饮食方面有着严格的宗教特色禁忌。一些奇形怪状、污秽不洁、性情凶恶、行为怪异的飞禽、猛兽及鱼类，以及不反刍的动物（如狗、驴、马等）都属于禁食范围。

【误】他不断地向高僧××敬烟，饭后还请他跳舞、唱歌。

【正】由于高僧在场，他没有吸烟，也没有提饭后去唱歌、跳舞的事。

辨析 根据佛教戒律，僧人不吸烟、不饮酒、不观听歌舞。

【误】在西藏的××寺，他见佛塔上的贡品不错就取了下来，走到转经筒旁边不停地往左转又往右转。

【正】在西藏的××寺，看见佛塔上虔诚的信徒敬献的贵重的贡品，来到转经筒旁边他也顺时针转了起来。

辨析 在藏传佛教中，忌讳取佛塔上信徒献上的任何贡品；路过寺庙、佛塔、经旗杆等时，应顺时针绕行，转经筒不得逆时针转动。

【误】某书稿中附有穆罕默德的画像。

【正】删除该画像。

辨析 伊斯兰教禁止给人物画像或者雕塑像。为穆罕默德画像和塑像也是伊斯兰教所不允许的。

1.4 涉及港澳台的问题

【误】中港台（或中台、中港、中澳）

【正】中国大陆及港台地区（或大陆与台湾、内地与香港、内地与澳门）

辨析 不得将台湾、香港、澳门与中国并列提及，尤其应注意在图中、表中不要出现以"国家"与之并列，或将港澳台与其他国家并列的情况（应使用"国家或地区"，表述为"中国台湾""中国香港"等）。可以使用"大陆与台湾""内地与澳门（或香港）"，还可以使用"闽台""粤港""京澳"等。"台湾"与"祖国大陆（或大陆）"为对应概念，"香港、澳门"与"内地"为对应概念，不得弄混。另外，香港在回归之前不能称为"殖民地"，是基于不平等条约的有条件"租借"。

【误】按照台湾的法律，……

【正】按照台湾地区的有关规定，……

辨析 对台湾地区施行的"法律"应表述为"台湾地区的有关规定"，必须引用时应加"所谓"二字和引号。同时应注意：不得将中华人民共和国法律称为"大陆法律"；在涉及对台法律事务时，不使用"护照""引渡"等国际法上的用语。类似的问题还包括对台湾当局和所属机构的称谓、法规性文件和官方文书，均应加引号或变通处理。

【误】1949 年 5 月 11 日早上，14 岁的李敖去了中国台湾，2005 年 9 月 25 日傍晚，70 岁的李敖又踏上了旧乡的土地。

【正】1949 年 5 月 11 日早上，14 岁的李敖去了台湾，2005 年 9 月 25 日傍晚，70 岁的李敖又踏上了旧乡的土地。

辨析 从原表述来看，似乎李敖原非中国人，他到了 14 岁时才去了中国的台湾。另外，原表述还像是一个外国人在介绍 14 岁后到中国台湾定居的李敖。但实际情况是中国的记者在写中国的李敖。这是过度敏感的一种表现，不应逢"台湾"必加"中国"，逢"香港"必加"中国"。

【误】某关于制图软件使用指南的图书所附光盘中含有所谓"中华民国"的"国旗"图片。

【正】删除相关图片。

辨析 光盘容量大，信息量大，文件类型多，编辑容易忽视对光盘中各类内容的检查。如果初审不对光盘内容进行全面检查，容易造成类似的严重事故。

【误】某译者将原著中的"Taiwan, ROC"译为"台湾（ROC）"。

【正】应译为"中国台湾"。

辨析 ROC 是"中华民国"的缩写，原文本身有问题，且不能译为"台湾（ROC）"。

2

常见思想性问题

　　思想性是指作品中表现出来的思想意义、品位、格调，以及所表现的思想倾向。图书应坚持正确的导向，进行正面的宣传、引导，提倡科学的观点，抵御不良思想观念的传播。书稿中常见思想性问题包括：宣传与党和国家的政策相左的错误思想观念和导向，宣扬伪科学、色情低俗，渲染血腥暴力或者教唆犯罪，侮辱或者诽谤他人以及描写有违社会公德的内容。

2.1　思想导向问题

　　【误】进入新世纪以来，我国虽然经济还是在高速发展，但是问题更多，腐败高速蔓延，假冒伪劣无处不在。

　　【正】进入新世纪以来，我国的经济继续高速发展，但同时也存在不少问题，比如腐败问题严重、假冒伪劣频现。

　　辨析　把中国描述为一团漆黑、一无是处，有悖客观公正原则。

　　【误】某书稿提到国企时充满负面言论，说国企一无是处，充满了办公室政治，与外企的管理差距巨大，"有成绩了，也要把功劳让给领导"，即使不是自己的问题也要对领导说"对不起，我有责任"。

　　【正】据实表述企业实际情况，谈具体存在的问题以及解决问题的办法。

辨析 一个企业不会全是好，也不可能全是坏，应实事求是地谈问题、解决问题，不能全盘否定，言论偏颇。

【误】某书稿详细介绍自杀者心理及各种自杀方法，宣扬颓废的人生观。

【正】改为主要介绍如何预防自杀，从正面引导。

辨析 图书应该从积极、健康的角度引导读者，注意内容的知识性、科学性，注意思想道德、价值观念和文明行为规范的正确导向，而不应宣扬消极颓废的人生观、价值观。某出版社因出版的书中以漫画形式传播各种自杀方式，并含色情内容，被停业整顿。

【误】××区多年来为保证全市人民喝上清澈的自来水，非常注意环境保护，注重发展生态经济，有树不砍，有矿不挖，有污染项目不上，致使区域经济发展缓慢。

【正】××区多年来为保证全市人民喝上清澈的自来水，非常注意环境保护，注重发展生态经济，坚决不上污染环境的项目，认真分析经济发展缓慢的原因，想方设法发展区域经济。

辨析 将区域经济发展缓慢归因于没砍树、没挖矿、没上污染项目，太片面。

2.2　涉及伪科学和色情低俗等问题

【误】玄关处如果杂乱无章，会对住宅的风水大有影响：一是影响家人的精神和心情；二是凌乱不堪的玄关不利家运，使家庭诸事纷扰，引起口舌争端。

……

玄关吊顶的颜色比地面深，这便形成上重下轻、天翻地覆的格局，象征这家人长幼失序，上下不睦。

19

......

玄关地面的图案花样繁多，但均宜选择寓意吉祥的内容，必须避免选用那些多尖角的图案，从风水角度来讲，尖角冲门会影响家庭和睦，不利家运。

【正】玄关处如果杂乱无章，会对影响人的精神和心情。

......

玄关吊顶的颜色比地面深，这便形成上重下轻、天翻地覆的格局，给人以头重脚轻的感觉，不太好。

......

玄关地面的图案花样繁多，但均宜选择寓意吉祥的内容，避免选用那些多尖角的图案。

辨析 该书稿中有关看风水方面的内容不科学。

【误】长城是宇航员在月球上可以看到的地球上唯一的人造工程。

【正】在月球上宇航员凭肉眼无法看到地球上的任何人造工程。

辨析 原文是一种伪科学的说法。这是个流传已久的错误，但书中偶尔还会出现。有宇航员曾指出，当国际空间站处于近地轨道时，从太空中可以看到不少人造事物，比如公路、水库、机场等；但其他时候在空间站上已经很难用肉眼看清地面上的建筑物。像杨利伟乘坐中国的第一艘载人飞船——神舟五号时就没有看到长城。在北京乘飞机如果留心并且飞机位置合适、天气晴好的话，通过舷窗往地面看就能发现长城能看见，但已经不明显，并且同时也能看见其他大型建筑物。

【误】某书稿光盘所附软件压缩包中含有淫秽图片。

【正】删除相关淫秽图片。

辨析 由于所附光盘中文件较多，如果审查不严，漏掉个别压缩包，可能出现与书无关甚至违规的内容。《出版管理条例》规定，书稿中不得含有宣扬淫秽、赌博、暴力或者教唆犯罪的内容，也不得含有妨害未成年人身心健康的内容。

【误】某养生类书稿将××功法和××食疗法吹得神乎其神，包治百病。

【正】客观介绍××功法和××食疗法各有什么作用。

辨析　没有什么东西能包治百病，该书的叙述有违科学常识。对症下药是不变的真理，否则好药也会起副作用；好的保健食品，或者某种健身方法，适量、适度才能起到作用，但不能代替治疗，且过犹不及。

2.3　社会生活类禁忌用词问题

【误】残废人、瞎子、聋子、傻子、呆子等。

【正】残疾人、盲人、聋人、智力障碍者等。

辨析　对有身体伤疾的人士不应使用蔑称。另外，老年痴呆应称阿尔茨海默病。

【误】哇噻，你技术真高。

【正】好厉害，你技术真高。

辨析　"哇噻"是闽南方言中一个很粗俗的骂人的词语。同样，不应使用"妈的""SB""TMD""NB"等俚语、脏话。

【误】在××工程开工仪式上，××（领导）亲自挥锹铲土，为工程奠基。

【正】在××工程开工仪式上，××（领导）挥锹铲土，为工程奠基。

辨析　对各级领导同志的各种活动描写，不应使用"亲自"等形容词。另外，对文艺界人士，不使用"影帝""影后""巨星""天王"等词语，一般可使用"文艺界人士"或"著名演员""著名艺术家"等。

2.4　涉嫌教唆犯罪的问题

【误】第二章　窃电的方法和技术

【正】第二章　防止窃电的措施

辨析　窃电是一种违法行为，书中不应详细描写窃电的方法和技术，有教人如何窃电之嫌。

【误】第 3 章　黑客攻击必会的基础知识

【正】第 3 章　网络安全专家必会的基础知识

辨析　书稿中详细介绍了各种网络攻击的方法，当然也介绍了预防的措施。但非法侵入他人计算机的黑客行为是法律不允许的，防止网络攻击类的图书不应以行为不端的黑客攻击为招牌吸引读者。

【误】某面向少年儿童的图书详细描述同性恋、同居生活等，插图充斥着血腥暴力的场面。

【正】删除相关内容。

辨析　针对少年儿童的图书应为他们的健康成长负责，不应渲染血腥、暴力，不应出现低俗的内容。

3

内容质量常见问题

内容质量问题涵盖范围很广，本书很多章节都有涉及，本章主要分析科技图书谋篇布局中可能出现的问题，包括文题不对应、内容陈旧或者不准确、知识错误问题、存在知识产权问题等。

3.1 文题对应问题

【误】《火电厂综合设计技术》一书的目录：

【正】《火电厂综合设计技术》一书的目录：

目　　录

辨析 该例的初稿中对综合设计的概念或者说综合设计应该讲什么内容没有介绍，而对设总的修养大用笔墨（占了近 20 页的篇幅），同时还将"落实科学发展观"专门列节，书名与章节名不对应，内容与章节名脱节。遇到类似问题，应重构目录，并相应调整内容。

3.2　内容陈旧与准确性问题

【误】 某《普通高等教育"十二五"规划教材　电力系统分析》介绍电网结构和电网事故时，是以 20 世纪 60 年代的日本电网结构、70 年代的联邦德国（西德）电网结构、80 年代的美国电网结构为例来介绍电网的技术知识，引用 1965 年的北美大停电事故作为案例进行分析。该教材所列附录是从一些作废规程（20 世纪 60 年代、70 年代的，还有 80 年代的规程）上选了一些数据，而且这些数据本身也与教材内容关系不大。

【正】 与作者沟通，根据近几年的有代表性的发达国家电网结构和技术现状组织内容。用现代电网结构来介绍现代电网技术知识，引用 2003 年北美大停电事故来分析事故原因，让学生掌握电力系统分析的知识内容。同时删去源自作废规程的附录。

辨析 作为 21 世纪的高等学校教材，这本书中有关事故分析的案例早已过时。如今的电网建设和电网结构与 2000 年以前的已不可同日而语。对教材的附录要注意所选资料的实用性。

【误】至 2012 年，我国最高交流电压为 750kV。

【正】至 2012 年，我国最高交流电压应为 1000kV。

辨析 我国最高交流电压等级是 1000kV，晋东南—南阳—荆门特高压交流试验示范工程，已于 2009 年 1 月 6 日投入运行。内容陈旧是科技图书之大忌，应关注科学技术发展动态，及时更新知识储备。

3.3 章节结构问题

图书的结构指书中内容的组合、搭配和排列方式。

书稿应主题突出、结构合理、层次分明。层级的多少应根据书的内容量和复杂程度设定。一般来说，层级不宜过于繁杂。

各章节的内容量应相对均衡，不宜相差悬殊。但诸如由总论和分论两大部分组成的图书、各章内容相对独立的工具类图书，以及文集类图书可做特例处理。

3.3.1 章节内容设计常见问题

【误】某科技专著约 30 万字，只设了四章，每章字数达到六七万字，节列得也很少。附录约四五万字。

【正】应根据内容调整章节，每章字数宜控制在 2 万～3 万字，每章再按技术内容相对独立设节。

辨析 一本好书应是结构层次分明、衔接自然、详细适宜，具有良好的系统性。篇、章、节、条、款不同层次结构单位逐级分类，所述内容清晰明了。一般而言，设篇适用于内容较多的图书，如四五十万字甚至更多时。30 万字以内的图书设章及以下层次即可。章的字一般控制在 1 万字左右，节控制在千字左右为宜，即所谓"千言成节，万言成章"。节以下分条（小节）、款（段），每个层次控制在五六个为宜，过长不便于阅读，每个层次的字数也应相对均衡。附录应根据正文内容需要选取，并应控制字数。

【误】某科学技术类图书，有的章多达四五万字，设五六个节；而有的章只有五六千字，却设十几个节。

【正】应按技术内容进行章节调整，将字数多的章、节进行拆分，将字数少的章、节合并，使每章的字数相对均配，全书结构整体协调。

辨析 一本好书应该是内容和形式的完美结合。结构设置合理、脉络分明、照应周密、层次分明的书便于阅读，会给人以美的享受。若对图书的结构设置注意不够，单从学科研究的内容出发来阐述其科研成果，有时成稿在结构设置上就缺乏系统性，会出现章节设置不当、字数不均衡，甚至部分章节字数倍于其他章节，显得很不协调。解决此类问题的办法是按内容系统地考虑，合理地进行调整，把过多的章节拆分开，多设几个章节，把那些内容少又列出过多章节的部分适当地合并一下，从而使内容和形式结构设置合理、协调，达到内容和结构的有机统一。

【误】某本电力科技环保方面的科技书，全书30万字，正文部分只有三章内容，附录罗列了大量相关的法律、法规、标准、规范，篇幅占了全书的一半以上。

【正】应大幅度削减附录内容，同时适当增加正文的内容，使得正文和附录比例恰当。

辨析 一般说来，正文是图书的主体部分，反映一本书的中心思想和使用价值。辅文是一本书的必要组成部分和补充。正文和辅文相辅相成，但有主有次，比例适当才能协调、完整。本例中附录部分内容过多，给人喧宾夺主之感。解决办法是将与正文无关、关系不大的附录删除，而有些重要的附录可以写入正文中。

3.3.2　章节体例常见问题

【误】某书章节体例如下。

> **目　　录**
>

【正】推荐体例如下。

或

> **目　　录**
>

> **目　　录**
>

辨析　章节体例的表现形式应用统一的风格，可以用"第×篇、第×章、第×节"，也可以用"1，1.1，1.1.1"，但几种形式不可混用。本例中章和节的形式风格不一，改为"第×章、第×节"，也可改为"1，1.1"。

3.4　知 识 性 问 题

【误】从来没有神仙皇帝。

【正】从来没有神仙鬼怪。

辨析　的确从来没有神仙，但是历史上有过皇帝。皇帝是最高封建统治者的称号，在我国，皇帝的称号始于秦始皇。

【误】大明宫始建于唐贞观八年（公元 634 年），原为高宗为太上皇李渊建造的永乐宫。

【正】大明宫始建于唐贞观八年（公元 634 年），原为太宗为太上皇李渊建造的永乐宫。

辨析　贞观是唐太宗李世民的年号，高宗李治是太宗的儿子。

【误】本书可适用于人教版、外研版、北师大版、冀教版以及牛津版等多版本义务教育初高中教材。

【正】本书可适用于人教版、外研版、北师大版、冀教版以及牛津版等多版本初高中教材。

辨析　自 1986 年 7 月 1 日起施行的《中华人民共和国义务教育法》规定：国家实行九年义务教育制度。因此义务教育不包括高中阶段。

【误】核能是生命的源泉，太阳向人类提供的生存和发展的能源，就是核能。

【正】太阳能是生命的源泉，太阳不断向人类提供的生存和发展的能源——太阳能。

辨析　核能指在原子核裂变反应或聚变反应中释放的能量。地球上的生命所依赖的太阳能是指从太阳向宇宙发射的电磁辐射能。太阳能和核能不是一个概念。

【误】人类从远古时代起就一直依赖煤炭、石油、天然气等化石能源，但经过千百年的开采，化石燃料储量已十分有限，终将枯竭。

【正】人类长期以来一直依赖煤炭、石油、天然气等化石能源，但经过几百年的大规模开采，化石燃料储量已十分有限，终将枯竭。

> **辨析** 人类的远古时代还处于刀耕火种时期,那时的主要生活用能源是柴草等生物质。18 世纪中叶,人类才开始大规模开采化石燃料。

【误】限制生产不符合尾气排放标准的汽车,是降低二氧化碳排放量的有效措施。

【正】限制生产不符合尾气排放标准的汽车,是防止氮氧化物及一氧化碳等污染空气的有效措施。

> **辨析** 对于不符合尾气排放标准的汽车,主要是指其排放的氮氧化物及一氧化碳超标,而不是指二氧化碳超标。

3.5 知 识 产 权 问 题

知识产权指权利人对其所创作的智力劳动成果所享有的专有权利。它的客体是智力成果或者知识产品,从本质上说是一种无形财产或者一种没有形体的精神财富。它包括著作权和专利权、商标权等工业产权。在图书出版领域,易引起知识产权纠纷的往往是侵犯他人著作权或侵犯作品专有使用权。

图书封面、扉页的署名问题,抄袭和使用他人作品不当问题等可能造成知识产权纠纷。

3.5.1 合作作品署名问题

【误】《××××××教程》封面、扉页署名"刘××编著",前言中介绍"张××撰写了第一章,刘××撰写了第二章至第四章,章××撰写了第五章、第六章,李××撰写了第七章。全书由刘××统稿"。

【正】该书封面、扉页署名可修改为"刘××主编"或"刘××等编"。

> **辨析** 从本例中的前言来看,该书稿是一部合作作品,并不

是刘××的个人作品。刘××在作品撰写过程中，承担了主编的角色，而且，编写教材一般需要博采众家之长，署名方式为"主编""编"更妥当。

3.5.2　使用他人作品不当问题

【误】美术编辑从未经授权的网上图库中调用了某人的摄影作品，放入画册《××》中，摄影作品既未署名，出版后也没有支付稿酬。

【正】购买经过授权的摄影作品，按照使用协议，明确是否署上摄影者的姓名，并支付使用费。

辨析　该美术编辑在未经授权的情况下使用摄影作品，侵犯了摄影者的著作权。摄影、绘画等艺术作品用于出版时，须与该艺术作品的著作权人（或著作权行使人）签订协议，并按协议使用作品。

3.5.3　抄袭问题

【误】韦××所著《电机检修技术问答》中的两个章节与赵××的《电动机修理手册》中的部分内容完全相同。

【正】韦××需用自己的语言阐述技术内容，不能抄袭他人作品。

辨析　作者有时会使用他人作品中的部分内容作为论据来说明自己的观点，责任编辑有义务提醒作者，这种使用不能是大段抄袭，应理解、概括其中心思想后用自己的话进行阐述，并以参考文献的方式注明出处。如文中确需直接引用他人的实验数据时，应随文注明具体出处。

【误】作者李×在书稿《节能与××管理》中大量重复了自己另外一部已出版的作品《××发电厂节能×××××》中的技术内容，且两部作品均与同一个出版社签订了出版合同。

【正】建议作者李×以修订方式完善《××发电厂节能××

×××》。

> **辨析**　当责任编辑发现作者在书稿中大量重复其以前出版的作品时，可建议作者以修订方式出版该作品；若书稿中没有增加新的知识内容，则应中止出版工作，以免给出版社造成经济损失和名誉损失。

3.5.4　侵犯专有出版权问题

【误】某出版社在已被告知须得到专有出版权的前提下，仍未经授权出版了《××技术标准汇编　农村水电与电气化卷　设备及运行管理》，其中收录了 11 种电力行业标准。

【正】在标准汇编出版前，须得到拥有标准专有出版权的出版单位的许可。

> **辨析**　未经电力行业标准化管理部门和拥有电力行业标准专有出版权的中国电力出版社的许可，不得擅自出版电力行业标准。专有出版权是指图书的出版者依据图书出版合同享有的、在一定期限内独占出版他人作品的权利。

4

书名与标题常见问题

书名指书的名字。书名体现书稿内容及特点，书稿全面呈现书名的内涵。两者应在编写形式、内容方面吻合，符合读者对象要求，突出书稿特色。

4.1　书名常见问题

书名是直接表达或象征、隐喻图书内容及其特征，并使之个别化的名称。应根据书的类别正确选择印载书名。

书名应简洁而准确。不宜在书名中随意使用英文缩写、专业名词缩写、标点及符号；书名中涉及的修饰性形容词，应与内容吻合、贴切；书名中尽量减少使用"的"等助词。

丛书是在一个总书名下汇集多分册作为一套，以编号或不编号方式出版的图书。它通常是为了一定的用途，或针对特定的读者对象，或围绕一定主题内容编纂而成的。丛书的总书名即丛书名，丛书中单独一本书的书名即分册名。丛书一般具有相同的版式、书型、装帧等。丛书名应尽量涵盖各分册名的内容。

4.1.1　书名与书稿内容的吻合问题

4.1.1.1　书名与书稿的编写形式不符

【误】《普通高等教育"十二五"规划教材（高职高专）　轻松学外语》

【正】《轻松学外语》

辨析 书稿按功能属性分为工具书、教材、科技图书、科普图书、社科书、少儿类图书、翻译书等。其中科技、科普、少儿、社科图书，还可以通过问答、图册、画册、题库等编写形式来展示。因此，在确定书名时，书名应与图书分类及编写形式一致。本例中的教材书名应与课程名称基本一致，不能用教辅书名替代教材书名，"轻松学外语"不是一门课程，故不能作为教材出版。

【误】《变电站标识管理》的内容是以图册的形式对标识的含义及使用进行阐述。

【正】改为《图解变电设备规范标识》。

辨析 标识是规程规定的以视觉形式体现的记号、符号或标志物。本书的内容不是标识管理，原书名没有准确表述图书内容。

4.1.1.2 书名针对性不清晰

【误】《全国电力职业教育规划教材 300MW 超临界压力空冷供热机组技术丛书 电厂化学》

【正】《全国电力职业教育规划教材 电厂化学》或《300MW 超临界压力空冷机组技术丛书 电厂化学》

辨析 科技图书的读者对象可以是在职的技术人员、研究人员，也可以是在校的大中专学生，相应的有科技书、培训教材、高校教材、中专教材。此书名让人疑惑，不知是职业教育规划教材，还是科技图书中的技术丛书，应根据其内容修改为其中一种形式。

【误】《轻松搞定课程开发》的内容只是针对电力企业培训课程。

【正】《轻松搞定电力企业课程开发》

辨析 本书书名比较笼统，内容定位不准确，不利于读者购书。

【误】《输变电工程监理员工作手册》

【正】《输变电工程电气监理员工作手册》

辨析 工程的监理按专业分类不同，所负责监理内容不同，此书名不完整、不确切，应把名称写全。

4.1.1.3 书名与内容不符

【误】《全国电力职业教育规划教材 防窃电技术与案例分析》

【正】《全国电力职业教育规划教材 电能计量技术》

辨析 防窃电等技术图书容易被不法之徒滥用，此类图书不宜做公开出版发行。经查，该书主要内容为电能计量，故书名修改，以避免成为窃电教科书。

【误】《电动汽车电网接入技术》

【正】《电动汽车充电网》

辨析 此书名第一个问题是书名不确切，断句不明确，是电动汽车接入电网的技术，还是电动汽车电网的接入技术？对前者，电动汽车本身不是电源，与电网接入无关；对后者，没有"电动汽车电网"这个说法。两者都不对，易产生歧义，根据书稿内容做调整。

4.1.2 书名规范用语问题

4.1.2.1 书名英文缩写及拼音问题

【误】《GIS 选择及使用》

【正】《气体绝缘金属封闭开关设备选择与使用》

辨析 随着电力技术的发展，出现了许多新的电力名词，在日常表述中常常用缩写来表示，如 GIS、STATCOM、FACTS 等，这些缩写不能随意在书名中使用（计算机程序名称不在此限制范围内）。GIS 为 Gas Instulated Switchgear 的英文缩写，其中文名称为"气体绝缘金属封闭开关设备"，而 GIS 还有地理信息系统的含义，易产生歧义，故此书名应写全称。

《关于进一步规范出版物文字使用的通知》（新出政发〔2010〕11 号）对字母缩写等外国语言文字使用有明确规定，应遵守。

【误】《电力系统保护与控制》汉语拼音书名为"DIANLI XITONGBAOHU YUKONGZHI"。

【正】汉语拼音书名改为"DIANLI XITONG BAOHU YU KONGZHI"。

辨析 汉语拼音书名必须按照 GB/T 3259—1992《中文书刊名称汉语拼音拼写法》和 GB/T 16159—1996《汉语拼音正词法基本规则》处理，即按词为单元排，既不能连排，也不能按字分开排（连词除外）。本例中汉语拼音排列错误。

4.1.2.2 专业术语不规范

【误】《输变电常用器材技术监督与检验》

【正】《常用电力器材检测技术》

辨析 按 DL/T 1051—2007《电力技术监督导则》，电网企业技术监督的范围有电能质量、绝缘、电测、继电保护及安全自动装置、节能、环保、化学、热工 8 个方面，没有器材技术监督，书稿的主要内容是电力器材检测技术，故修改。

【误】《建设工程造价知识树丛书 树说市政工程造价》

【正】《建设工程造价知识树丛书 市政工程造价》

辨析 作为科技书，书名中"树说"属生造、含义不清的词语。科技图书书名用词应规范。

【误】《电网降损节能及辅助决策技术》

【正】《电网降损节能技术》

辨析 书名中的"辅助决策"也是降损节能技术中的一种，因此书名改为《电网降损节能技术》。

4.1.2.3　直接借用科技课题名称等
【误】《基于阵列信号处理的电气设备局部放电超声定位》
【正】《电气设备局部放电超声阵列定位》

辨析 书名要尽量简洁，不宜冗长、繁复，不能以科技文章标题的形式作为书名。即使是依据相关课题出版的图书，也应在介绍整体概念的基础上进行系统阐述。对书名的修改必须经过作者和专家的确定，以免产生错误。本书书名就像科技论文的题目，"基于阵列信号处理"是一种手段，修改书名时把它改为"超声定位"的定语，即"超声阵列定位"。

【误】《人力资源管理和信息化深度融合，提升集团化企业管理水平》
【正】《集团化企业人力资源管理探索与实践》

辨析 书名应尽可能简短，一般情况下书名内不加标点。本例中原书名显然过于冗长，更像是一篇报告的题目，且中间加了逗号。

4.1.3　丛书名与分册书名常见问题

【误】丛书名：电力废弃物资源化及无害化应用技术丛书
　　　分册名：废旧电池材料的清洁冶金与绿色循环
　　　　　　　废旧铅酸蓄电池复原与再利用
　　　　　　　废变压器油再生调质系统
【正】丛书名：电力废弃物资源化及无害化应用技术丛书
　　　分册名：废旧电池材料清洁再生与循环利用
　　　　　　　废变压器油再生调质系统

辨析 丛书分册之间内容不能有重复。本套丛书分册名中的

"废旧电池材料"包括"废旧铅酸蓄电池",分册之间书名有交叉。分册名《废旧电池材料的清洁冶金与绿色循环》含义不清晰,也要调整。

【误】丛书名:变电站继电保护装置调试指南
　　分册名:继电保护基础
　　　　　　500kV 变电站典型继电保护装置
　　　　　　220kV 变电站典型继电保护装置
　　　　　　110kV 变电站典型继电保护装置
　　　　　　母线差动保护装置
【正】书名:变电站继电保护装置调试技术

辨析 本套丛书存在分册之间内容交叉,以及第一分册《继电保护基础》与第五分册《母线差动保护装置》之间不是并列关系的问题。《继电保护基础》不是丛书中应介绍的内容,《母线差动保护装置》应在三个电压等级的分册中均有相关内容。经仔细审查书稿内容并与作者沟通,将此套丛书合并为一册。

【误】丛书名:国家电网公司统计专业系列培训教材
　　分册名:生产统计专业培训规范
　　　　　　投资统计专业培训规范
　　　　　　统计专业培训通用教材
　　　　　　生产统计专业培训教材
　　　　　　投资统计专业培训教材
　　　　　　统计专业培训习题集
　　　　　　统计专业培训案例分析
【正】改为 4 种(套)书:
(1)丛书名:国家电网公司统计专业培训规范
　　分册名:生产统计
　　　　　　投资统计
(2)丛书名:国家电网公司统计专业培训教材

　　分册名：通用部分

　　　　　生产统计

　　　　　投资统计

（3）国家电网公司统计专业培训习题集

（4）国家电网公司统计专业培训案例分析

辨析 丛书名应涵盖各分册的内容。本丛书名定义此套书为教材，但丛书内容有培训规范、教材、习题集、案例分析，丛书名不能涵盖分册所有内容。后修改为两套丛书，并另配有习题集和案例分析两本科技书。

【误】丛书名：风力发电安全生产管理丛书

　　　分册名：风电企业安全设施标准

　　　　　　　风力发电技术监督

　　　　　　　风力发电机组定期检修工作标准

　　　　　　　风电场危险点分析与控制

【正】按分册单独出版。

辨析 丛书名只是讲生产管理，不能涵盖所属分册内容。此四本书作为丛书有些牵强。各分册除有技术监督、危险点分析与控制等技术内容，还包括设施标准、工作标准，四个分册之间并非并列关系，应各分册单独出版。

4.2　标题常见问题

　　标题是揭示图书章节内容、结构的简明字句，其特点应该是层次分明、美观醒目。标题是对所述内容的高度概括，应避免使用含义笼统及一般化的词语，以便于读者快速了解全书主要内容。就结构而言，通常可以用一个简短的句子来表达的，也可以设主标题和副标题来表达。设主副标题的表达形式只限在篇一级标题使用，而二级以下多级标题则是单一的主题。

【误】

目　录

……

1.7　钳形电流表及使用

　　1.7.1　电流互感器

　　1.7.2　钳形电流表及其使用

　　1.7.3　电压互感器

……

【正】

目　录

……

1.7　互感器及钳形电流表

　　1.7.1　电流互感器

　　1.7.2　电压互感器

　　1.7.3　钳形电流表及其使用

……

辨析　标题的涵盖内容与其下所述的内容应相对一致，既不能文不对题，也不能题大文窄或题小文宽。本例中，节题"钳形电流表及使用"不仅与小节题"钳形电流者及其使用"重复，而且不能涵盖节内"电流互感器""电压互感器"两小节，应调整为"互感器及钳形电流表"。

【误】

目　录

第一章　秦汉之前的建筑

……

　第三节　汉代建筑

【正】

> **目　录**
>
> 第一章　秦汉之前的建筑
>
> ……
>
> （删除第三节或调整到其他章）

辨析　本例中秦汉之前的建筑不应该包括汉代建筑。汉代建筑应删除或调整到其他相应章节。

5

辅 文 常 见 问 题

图书辅文是图书正文的辅助文字。一般来说，正文指图书主体部分的文字、图片、表格等，而相对于正文的目录、序、跋、凡例、注释、附录、索引等统称辅文。

本章主要分析封面文字、书名页文字、序言（前言）、参考文献、索引等辅文常见问题。

5.1　署名常见问题

图书署名应是作者，是依照著作权法享有著作权的自然人、法人或其他组织。具体有独立作者、合作作者、法人、组织（如本书编写组、××标委会、××课题研究组）著作权人等。

署名包括署名方式和著作方式。署名方式包括署真名、笔名或不署名。当封面采用笔名或不署名方式时，应在图书出版合同上注明，且在合同签约处签署真名。翻译作品的署名应包括原作者、原作者国籍、译者。著作方式有著、编著、编、主编、组编、译等。著，用于根据作者的见解撰写的作品；编著，用于除有作者根据自己的见解撰写的部分外，还有整理他人著作部分的作品；编，用于将零星资料归纳整理或将单篇著作汇编而成的作品；主编，用于个人主持多人创作的合作作品；组编，用于单位主持、组织的集体创作作品；译，用于由一种文字的作品翻译成另一种文字的作品。

5.1.1　多作者署名问题

【误】刘××　　王××　　主编

【正】刘×× 主编 王×× 副主编

辨析 主编是指对编写工作负主要责任或主持编写工作的负责人，因此封面署主编姓名时，只能由一人署名主编，其他人视具体情况可以以副主编、统稿人、审稿人等方式署名。

5.1.2 单位作者署名问题

【误】《××年鉴》编辑委员会 编著
【正】《××年鉴》编辑委员会 编

辨析 单位作者是指法人或组织作为著作权人，因涉及单位的行政属性及工作性质，其著作形式一般为"编""组编"。年鉴以全面、系统、准确地记述各方面或某一方面上年度发展状况为主要内容的资料性工具书，以资料汇集为主，没有原创性内容，不能署"编著"。

【误】×××设计院 编
　　　　　周×× 编
【正】×××设计院 组编
　　　　　周×× 编

辨析 单位署名与个人同时署名时，一般单位署名"组编"，即组织编写，个人署名"编"。本例中单位如署名"编"，则与分册署名的具体作者著作权发生冲突，故单位署名应"组编"。

【误】《××标准选编》
　　　署名为：高×× 编
【正】《××标准选编》
　　　署名为：中电联环保与资源节约部 编

辨析 标准汇编的署名单位应为标准的归口、管理部门或标准制定单位。个人不能随意汇编标准。

5.1.3 译著署名常见问题

【误】《实用电动力学》作者署名：H.A.普拉诺夫。

【正】作者署名应为：［俄］Н.А.普拉诺夫。

辨析 责任者为外国国籍者，应在其姓名前加国籍（简称），并用方括号或六角括号括起。责任者为拉丁语系和斯拉夫语系国家者，其姓氏用汉译名，名字（不管是单名或双名）只列出其首字母（大写，并加缩写点），按名前姓后排列。责任者为日本人，可直接把日文汉字改为汉字简化字。

【误】署名：J.阿里斯特　　刘××　　R.沃森　著

　　　　　林××　　汤××　　贺××　译

【正】署名：［新西兰］J. 阿里斯特　　［中国］刘××　　［新西兰］R. 沃森著

　　　　　　林××　　汤××　　等　译

辨析 翻译作品封面应有原作者和翻译者署名。原作者署名应加上国籍，可以不加著作方式。如几位作者的国籍不同，应分别标上国籍，如国籍相同，应在第一作者前加上国籍。译者署名一般不超过 4 人。如多于 4 人，译者不必全部列出，可在第一、二译者名后用"等"表示，具体译者在前言中署名。

【误】《偷影子的人》

　署名：［法］Marc Levy 著

　　　　段××　译

【正】《偷影子的人》

　署名：［法］马克·李维（Marc Levy）　著

　　　　段××　译

辨析 译著原作者一般应翻译为中文。如有必要写原语种姓名，则先写中文翻译名，在后面括号中写原名。又如：

《傲慢与偏见》署名：［英］简·奥斯丁（Jane Austen）

　　　　　　　　　　孔××　　译

5.1.4　综合署名问题

【误】某专业书封面署名为王××主编,扉页署名为王××编著。

【正】经查,该书为专著,署名改为王××编著。

辨析　一般来说,专著类作品用编著、著来标明作者责任。论文集、教材、系列性读物等多作者的作品,作者责任项分成主编、副主编等。有的出版物,只有一个作者,也写成主编,显然这是错误的。

正确的用法是:作者少于三人的图书,不必设主编,只需根据图书的个人著述工作量多少,按序排名并标明编或编著或著即可。作者超过三人的作品,可按分工标明主编、副主编。主编一般为一人;副主编可设多人,但也不宜过多。

【误】

某书封面署名:

牛××　郭××　总主编

李　×　于　×　主　编

扉页署名:

牛××　郭××　总主编

李　×　于　×　主　编

程××　彭××　周××　副主编

张××　主审

文前部分关于作者的署名:

本书编写组

组　长　牛××　郭××

副组长　李××　于××

组　员　牛　×　郭××　李　×　于　×　王××

　　　　年××　程××　彭××　周××　侯××

　　　　丁　×　张××　刘××　张××

【正】

> 封面署名：
>
> 主　编　牛××
>
> 副主编　郭××　李　×　于　×
>
> 扉页署名：
>
> 主　编　牛××
>
> 副主编　郭××　李　×　于　×
>
> 主　审　张××
>
> 文前部分关于作者的署名：
>
> 本书编委会
>
> 主　编　牛××
>
> 副主编　郭××　李　×　于　×
>
> 编　委（以姓氏笔画排序）
>
> 　　　　丁　×　于　×　王××　牛××　年××
>
> 　　　　李　×　刘××　张××　张××　周××
>
> 　　　　侯××　郭××　彭××　程××

辨析　本例错误有四：一是没有"总主编"这种署名方式，丛书可以有丛书主编；二是封面、扉页的署名方式与署名页的署名方式不一致，一为"总主编、主编"，一为"组长、副组长"，自相矛盾，应统一，该例改为编委会，设主编、副主编；三是组长、副组长不应重复出现在组员之中；四是组员较多时，排序应依据某种规则，如按姓氏拼音排序或按姓氏笔画排序等。

5.2　封面与扉页常见问题

封面上必须列出最终确定的书名（包括丛书名和副标题、说明书名文字）、卷或分册的序号和名称（如为一册，则无此项），版次（如为第一版，则无此项），责任人（包括主要作译者和校订者姓名），出版社名称和社标。在封面上可以设计装饰图和宣传文字。封面上若印载与图书内容有关的宣传文字时，其字体、字号应与书名及说明书名的文字有明显区别，不应喧宾夺主、掩盖书名；文字内容应真实、健康，且表述言简意赅。

扉页也称内封，是正文前载有同封面信息（主项）相同的书页。扉页一般与封面一致，在某些情况下可比封面的内容更详尽。如当作译者人数较多或封面只署单位名称时，可在扉页列出相关人名。对于专门设立了编委会（或编写组）等罗列较多作者名单的情况，需要用另页在扉页后、目录前给出。

5.2.1 封面印载内容常见问题

【误】某书封面版次标为"修订版"。

【正】应根据具体情况改为"第×版"。

辨析 初版书一律不标版次。修订内容超过全书三分之一者为修订再版书，必须标明"第×版"（不标"修订版"）。根据不同版次译出的翻译书，均按中译本的版次（即第一版中译本的原书不论是第几版，也是中译本的初版，不必标明版次；第二版中译本不论原书是第几版，中译本也是第二版，必须标明第二版；……）。原书不是第一版，且与中译本版次不同而又要标明原书版次时，可在封面左上角标注"原书第×版"字样（不要标印在书名下面）。

5.2.2 封面设计常见问题

【误】某本讲解相对论的书籍封面用质能方程作为装饰图案，写为 $E=MC^2$。

【正】质能方程正确书写格式为：$E=mc^2$。

辨析 科技书封面在使用方程、学科定型符号标志性技术内容作为装饰时，应特别注意符号、构图的科学性和技术性。本例中质能方程中表示质量的 m 和表示光速的 c 均应为小写字母。

【误】某本讲解中国水资源方面的书，设计人员将网上找到的中国地图作为封面装饰图使用，该地图未经审批。

【正】该中国地图应按规定程序进行审批，或用其他装饰图替代。

辨析 封面使用地图作为装饰图使用时，也必须按国家有关规定报国家测绘局审批。未经审批，即使地图正确，也是违规的。

【误】某本介绍土石坝技术书籍，封面使用了三峡大坝实景图片。

【正】改为瀑布沟、公伯峡等土石坝图片，或用抽象图表示。

辨析 装饰图使用实景图时，最忌张冠李戴。三峡大坝的坝型为混凝土重力坝。责任编辑应严格把关实景图是否与图书内容相符。使用抽象图时，也应对图书内容有个大致了解，以避免因误解书名而闹出笑话。

【误】某本有关儿童教育的书籍，封面有两段宣传文字："这是一本中外教育史上的奇书，其德文原版藏于哈佛大学图书馆内，据说是美国的唯一珍本。""从问世至今，凡是有幸读到此书并照此中方法去做的父亲，都成功地培养出了极其优秀的孩子。"

【正】第一段宣传文字改为："这是一本中外教育史上的奇书，其德文原版珍藏于哈佛大学图书馆内。"第二段宣传文字改为："从问世至今，凡是有幸读到此书并照此中方法去做的父亲，都获益匪浅。"

辨析 宣传语应真实可信，不能不着边际、夸大其词，否则易引起读者反感，严重者涉嫌商业欺诈。本例中第一段用了"据说"，显然"唯一珍本"未经证实。第二段用了"都成功培养出了极其优秀的孩子"这样的绝对论断。世界上根本不存在保证成功的教育方式，再好的教育方式也必须通过受教育者的努力才能成功。此论断违背常识，经不起推敲。

5.2.3 扉页常见问题

【误】某本市场营销学的封面和扉页上加注了英文丛书名，封面加注的英文丛书名为：Modern Economics and Management Series，而扉页所注英文丛书名为：Modern Applied Economics and Management Series。

【正】扉页英文丛书名改为：Modern Economics and Management Series。

辨析 扉页所载丛书名、书名（含副书名）、卷（册）序号、版次、责任者（也可比封面详尽）和著作方式、出版社社名等与封面上相同的各项必须完全一致。本例封面所注英文书名是这本书的丛书名《现代经济和管理丛书》，扉页英文书名译成中文为《现代应用经济和管理丛书》。显然两者不同，明显属于英文翻译错误。应核原书确定哪个正确。

5.3 内容提要与版本记录页常见问题

版本记录页印载的内容应符合 GB/T 12450—2001《图书书名页》要求。版本记录页应提供图书版权说明（标注版权符号©，并注明版权所有者姓名及首次出版年份）、图书在版编目数据和版本记录（出版责任人记录、出版发行者说明、载体形态记录、印刷发行记录）。图书在版编目数据执行 GB/T 12451—2001 有关规定。

5.3.1 内容提要常见问题

【误】某些应有内容提要的科技书中没有内容提要。

【正】责任编辑应根据作（译）者提供的材料认真撰写内容提要。

辨析　内容提要又称"内容大要""内容摘要""内容简介"等。内容提要应以简明扼要、有文采、有说服力的文字介绍本书的主要内容、特点、读者对象，以帮助读者迅速而全面地了解全书的概貌。丛书还应说明全书各分册的情况，以便于读者了解选购。

内容提要还具有图书征订、宣传推广作用。图书发行部门做新书广告向书店征订、向读者预订，都以内容提要为依据。内容提要通常排印在版本记录页上方。若有条件或需要也可以改排在勒口、封底等处。

除某些标准、活页文选、小册子和有"出版说明""编制说明""凡例"的图书外，一般科技书都应有内容提要。

【误】某书的内容提要（约有 1000 字）如下：

> 本书出版背景…（约 200 字，略）。
>
> 本书出版的目的和意义…作者高屋建瓴，填补了该领域的空白…（约 500 字，略）。
>
> 本书系统介绍了电网调度自动化岗位主要涉及的专业技术知识，内容包括：调度自动化系统概述，电力系统基础知识，厂站自动化系统，计算机基础，传输通道与通信规约，电力调度数据网络，电力系统二次安全防护及等级保护，能量管理系统（EMS）平台，电网高级应用软件，AGC 和 AVC，调度员培训仿真系统，电能量采集系统。全书力求结合生产实际与岗位需求，并充分反映电力系统最新发展成果。
>
> 本书可作为电网调度自动化运行维护人员、调试检修人员的岗位培训及专业培训用书，也可作为相关专业人员及大中专学生的参考用书。

【正】建议改为：

> 本书系统介绍了电网调度自动化岗位主要涉及的专业技术知识，内容包括：调度自动化系统概述，电力系统基础知识，厂站自动化系统，计算机基础，传输通道与通信规约，电力调度数据网络，电力系统二次安全防护及等级保护，能量管理系统（EMS）平台，电网高级应用软件，AGC 和 AVC，调度员培训仿真系统，电能量采集系统。全书力求结合生产实际与岗位需求，并充分反映电力系统最新发展成果。
>
> 本书可作为电网调度自动化运行维护人员、调试检修人员的岗位培训及专业培训用书，也可作为相关专业人员及中、高等院校学生的参考用书。

辨析 本例内容提要约 1000 字，篇幅过于冗长，出版背景、目的、意义等不宜在内容提要中出现。另外，本例是一本普通的培训教材，却被写成"作者高屋建瓴，添补该领域的空白"，显然夸大其词，编辑应认真提炼出全书的重点，用恰当的语句概括出该书的内容、特点以及最适合的读者群。

内容提要一般要求：①抓住内容实质，概括准确；②坚持实事求是，切忌吹嘘、套话、大话；③文字精练，简洁明了，一般以 300 字左右为宜。系列书、丛书或多卷册书各分册的内容要注意与各卷册之间的关联。再版书要点明与前版书的不同点。若书末附有集中的图表、附录、题解答案或随书发行的图件、光盘等，应有所提示。

【误】某本电力科技专著读者对象为"本书适合广大读者阅读"。

【正】读者对象改为"本书适合×××专业电力科技工作者、管理者参考，也可供相关院校师生阅读"。

辨析 内容提要中的读者定位应清晰、准确，最忌定位混乱和过于宽泛。本例为学术研究专著，专业性较强，只适合从事电力科技研究的科技工作者阅读。编辑为了扩大读者群，却写成"适合广大读者阅读"，不利于宣传推广。每本书内容的深浅及写作风格决定了适合何类读者群。在内容提要中过度地扩大读者范围是很难收到预期效果的。

5.3.2 版本记录页常见问题

5.3.2.1 著作权登记

【误】 某本引进版权图书版权页未印载著作权登记号。

【正】 如未进行引进作品著作权合同登记，应到当地著作权合同局进行著作权合同登记。如已登记，应增补著作权合同登记号。

辨析 凡引进版图书（包括中国台湾、香港、澳门地区作品），必须在版权页左上角印载著作权合同登记号。《关于对出版外国图书进行合同登记的通知》规定："凡图书出版单位出版外国图书（包括翻译、重印出版），应与外国作品的著作权人签订出版合同，并将合同报著作权行政管理部门进行登记。""合同登记号由图字：（地区编号）-（年代）-（顺序号）组成"，"国内图书出版单位应在图书上注明合同登记号"。

5.3.2.2 图书在版编目数据

【误】

图书在版编目（CIP）数据

电力法眼：电力企业日常法律事务及案例精选/汪榕生编著. 北京：中国电力出版社，2012.12
ISBN 978-7-5123-3859-3

Ⅰ. ①电… Ⅱ. ①汪… Ⅲ. ①电力法—中国—文集 Ⅳ. ①D922.292.4-53

中国版本图书馆 CIP 数据核字（2012）第 304049 号

*

2012 年 12 月第一版 2013 年 5 月北京第二次印刷

【正】

图书在版编目（CIP）数据

电力法眼：电力企业日常法律事务及案例精选/汪榕生编著. —北京：
中国电力出版社，2012.12（2013.5 重印）

ISBN 978-7-5123-3859-3

Ⅰ. ①电… Ⅱ. ①汪… Ⅲ. ①电力法—中国—文集 Ⅳ. ①D922.
292.4-53

中国版本图书馆 CIP 数据核字（2012）第 304049 号

*

2012 年 12 月第一版 2013 年 5 月北京第二次印刷

辨析 图书在版编目（CIP）数据应符合 GB/T 12451—2001
《图书在版编目数据》的规定。CIP 数据中除出版年月（重印时须
括注重印时间）外，其他部分一律禁止私自修改。

根据《关于已申报制作过 CIP 数据的图书重印时不必再申报
的规定》："已申报制作过 CIP 数据的图书重印时，可使用原 CIP
数据、不必再申报；但在使用该 CIP 数据时，需在原出版时间后
面用括号括起重印时间，如：2009.3（2013.6 重印）。"本例 CIP
数据中的出版日期应根据重印时间进行修改。

【误】

图书在版编目（CIP）数据

维修电工：高级工 / 王建主编 . —北京：中国电力出版社，2013.2
（职业技能鉴定国家题库考试指导）

ISBN 978-7-5123-4031-2

Ⅰ. ①维… Ⅱ. ①王… Ⅲ. ①电工－维修－职业技能－鉴定－自学
参考资料 Ⅳ. ①TM07

中国版本图书馆 CIP 数据核字（2013）第 023217 号

*

2013 年 4 月第一版 2013 年 4 月北京第一次印刷

【正】

图书在版编目（CIP）数据

维修电工：高级工 / 王建主编.—北京：中国电力出版社，2013.4
（职业技能鉴定国家题库考试指导）
ISBN 978-7-5123-4031-2

Ⅰ.①维… Ⅱ.①王… Ⅲ.①电工－维修－职业技能－鉴定－自学
参考资料 Ⅳ.①TM07

中国版本图书馆 CIP 数据核字（2013）第 023217 号

*

2013 年 4 月第一版　2013 年 4 月北京第一次印刷

辨析　新书（含再版第一次印刷）CIP 数据中的出版年月须与实际出版年月一致，且实际出版时间不得早于 CIP 数据的出版时间。

本例中 CIP 数据中的出版年月应改为 2013.4。

5.3.2.3　版本记录

【误】某书版本记录未印载出版社社名和社址。

【正】增补出版社社名和社址。

辨析　按 GB/T 12450—2001《图书书名页》规定，版本记录提供图书在版编目数据未包含的出版责任人记录、出版发行者说明、载体形态记录、印刷发行记录。出版责任人记录包括责任编辑、装帧设计、责任校对和其他责任人。出版发行者说明包括出版者、排版印刷和装订者、发行者全称。出版者名下注明详细地址及邮政编码，也可加注电话号码、电子邮箱和因特网网址。上述各项均不得缺失。

5.4　序言（前言）常见问题

序言是由作者本人或他人撰写，通常用来向读者说明撰写本书的意图及书中要阐明的主要问题。其内容包括对书稿内容、编写（翻译）经过、编写（或翻译）方法等做概略介绍，以及简要介绍与书中内容有关的科技知识产生的背景、发展历史、现状、发展方向和应用领域等，也可强调书中内容的新颖性、实用性、结构的合理性及写作风格等。通过阅读序言（前言），读者可以了解本书的情况和价值，以及适用范围、编写方法（如果是工具书、手册，还应写清楚使用方法）、编者分工、审校人和作者需要说明的其他事项。

5.4.1 序言（前言）内容常见问题

【误】有的书用他序代替前言，或者序言与前言内容重复。

【正】应请本书所涉及学科的权威人士作序，作者自己写前言。在内容上有所侧重，相互补充。

辨析 图书的序言与前言属于一个类别，单独编页码，一般排在图书目录之前，序言在前，前言在其后。序言包括：由与本书所涉及学科的权威人士所作的序言，也称他序；用和本书所涉及内容相关的权威人士所作的文章代替序言，也称代序；译著的中译本序言；由作者本人说明著作意图、写书经过、内容体例等情况，也称自序。前言完全是作者所作，主要内容包括编写意图、篇章结构、主要特点、写作分工、写作中得到的帮助等。而序言则侧重对作者本身的介绍，对作品的分析及评价，肯定作者的成绩和贡献等。

尽管序言与前言属于一个大类，但其内容是有区别的，其撰写人也可能不同。两者不可混淆。

【误】某些重要科技著作中没有序言或前言。

【正】应根据图书的类别来决定序言、前言和出版说明的写作。重要图书最好有他序，甚至可以有多篇他序。可以请权威人士作序；也可以选用权威人士对相关学科评价的文章代序，作者写前言。一般图书可以只有前言。对于文字较少的小册子类，如技术推广类图书、儿童读物可以用出版说明代替前言。

辨析 序言和前言是对一本书内容和作者的评价与介绍，是图书内容的有机组成部分。除个别小册子用出版说明代替序言和前言外，一般科技图书都应有序言和前言，至少应有前言，全面、简洁地介绍编写意图、编写原则、主要特点以及图书篇章结构、编写分工等。外文图书的中译本更不能缺少序言和前言。不对所译图书内容、特点及存在的问题做介绍，就不能很好地表达作者和出版者的出版目的、意图。

【误】工程师小李请××大学的张教授为自己编写的《×××常见技术问答》写一篇绪言。"绪言"下面署名"张××"绪言的最后一段说："综上所述，该书涵盖内容广，知识容量大，添补国内学科空白，达到国际领先水平。"绪言结尾特别写了"××大学"四个字。

【正】"绪言"应改为"序言"，删除"添补国内学科空白，达到国际领先水平"，署名处改为张教授的名字。

辨析 本例错误有三：一是混淆了序言和绪言，绪言应是正文的一部分，为作者本人所写。二是对该书评价不当，"添补国内学科空白，达到国际领先水平"，与该书内容不符。恰如其分的评价无疑会给图书增光添彩；如评价不当，除了会对图书及其作者产生负面影响外，还会对作序的权威人士产生不良影响。三是署名不当，以个人名义写的序言，直接署个人的姓名即可。

5.4.2　多序言常见问题

【误】某译著有多个序言，排列顺序如下：译者序、其他非译者序、原作者中文版序、原著序。

【正】译著有多个序言时，正确的排序为：原作者中文版序→其他非译者序→译者序→原著序。

辨析 译著一般有原作者中文版序、其他非译者序、译者序、原著序时，顺序为：原作者中文版序→其他非译者序→译者序→原著序。

同类序多篇序言排列可按作序人的身份以及知名度等实际情况确定，并且应以作者的意见为准。一般而言，确定排序先后的原则是：①学术地位高的在前，低的在后。②年长的在前，年轻的在后。③行政级别高的在前，低的在后。④以上几项综合对比，相对高的在前，相对低的在后；情况都近似者，可按序文后署名的时序确定。

【误】某书文前有两个非作者序，如下排列：

序

《超光速研究——××××》一书由北京××学院教授、中国科学院客座研究员黄××著，内容丰富而又饶有趣味。

……

黄××教授是一位思维活跃、视野广阔的学者，他曾潜心研究导波理论、……我希望他继续努力，也希望我国的中青年科技人员努力，在迎接新世纪之时为祖国的强盛和人类进步作出更大贡献！

中国××学会原理事长

中国工程院资深院士

孙××

序

1995 年 3 月，在美国犹他州 Snowbird 市举行的一个学术讨论会上，德国科隆大学（Univ. of Cologne）的 Nimtz 教授报告了他的研究小组关于"微波超光速传播"的实验结果。

……

最后我们以本书中所引用的著名的美国电子学家、……
对于现代物理学的发展同样会起到非常重要的作用。

中国×××研究所

×××实验室

主任、研究员

宋××

【正】应改为：

序一

《超光速研究——相对论、量子力学、电子学与信息理论的交汇点》一书由北京广播学院教授、中国科学院电子学研究所客座研究员黄志洵著，内容丰富而又饶有趣味。

……

黄志洵教授是一位思维活跃、视野广阔的学者，他曾潜心研究导波理论、……我希望他继续努力，也希望我国的中青年科技人员努力，在迎接新世纪之时为祖国的强盛和人类进步做出更大贡献！

孙××❶

序二

1995 年 3 月，在美国犹他州 Snowbird 市举行的一个学术讨论会上，德国科隆大学（Univ. of Cologne）的 Nimtz 教授报告了他的研究小组关于"微波超光速传播"的实验结果。

……

最后我们以本书中所引用的著名的美国电子学家、……

对于现代物理学的发展同样会起到非常重要的作用。

宋××❷

---

❶孙××为中国×××理事长。

❷宋××为中国×××研究所主任、研究员。

辨析　（1）署名问题。作序人的身份由自己写出欠妥，以页下注的形式标出为好。

（2）本例中两序的序题未加区分，可改为"序一""序二"，也可改为"孙序""宋序"，或者"孙××序""宋××序"。

【误】（某书目录）

> 技术专题 1
>
> 序
>
> 选区存在的意义
>
> 选择合适的制作选区方法
>
> ……
>
> 技术专题 2
>
> 序
>
> 调色的必要性
>
> 如何判断图像是否要进行调色
>
> 调色的具体内容

【正】（某书目录）

> 序一
>
> 序二
>
> ……
>
>
> 技术专题 1
>
> 选区存在的意义
>
> 选择合适的制作选区方法
>
> ……
>
> 技术专题 2
>
> 调色的必要性
>
> 如何判断图像是否要进行调色
>
> 调色的具体内容

辨析 本例中书稿分若干专题，每个专题前面都有一个序是不合适的。一本书可以有多个序，但是只能出现在一本书的正文之前，正文中不能出现序。

5.5 参考文献常见问题

GB/T 7714—2005《文后参考文献著录规则》3.1 给出的文后参考文献的定义是：为撰写或编辑论文和著作而引用的有关文献信息资源。

文后参考文献的作用主要是：①反映书稿内容的科学依据；②尊重他人著作权；③向读者提供相关信息的出处，以便读者利用参考文献查找原文献。

文后参考文献的著录项目和著录格式应符合 GB/T 7714 的要求。参考文献表可以按顺序编码制组织，也可以按著者-出版年制组织。参考文献表按顺序编码制组织时，各篇文献要按正文中标注的序号依次列于书后，或按篇、章编号列于各篇、章之后，但全书要统一。

正文中引用的文献的标注方法可以采用顺序编码制，也可以采用著者-出版年制。本节介绍按顺序编码制组织的参考文献中的常见问题。

【误】　　　　　　　主要参考文献

张三，李四，王五，赵六. 著. 太阳能发电技术［M］. 中国电力出版社，2008.

【正】　　　　　　　参考文献

张三，李四，王五，等. 太阳能发电技术［M］. 北京：中国电力出版社，2008.

辨析　（1）应将"主要参考文献"改为"参考文献"。

（2）根据 GB/T 7714—2005 中 8.1.2 规定，著作方式相同的责任者超过 3 人，只著录前 3 人，其后加"，等"。GB/T 7714 没有要求列出作品的编著方式，故本例将"著"字删去。

（3）漏标出版地"北京："。

本例中"［M］"为普通图书的文献类型标志，是可选择的著录项目。

【误】［1］汪映荣，凌全佩，彭疆南. 核电前期技术要点. 北京：中国电力出版社，2014.

［2］××设计院. 秦山核电厂 30 万 kW 机组内部资料汇编. 1987.

【正】［1］汪映荣，凌全佩，彭疆南. 核电前期技术要点. 北京：中国电力出版社，2014.

<u>辨析</u>　［2］不是公开出版物。非公开出版物不能列入参考文献。

【误】L. O. Chua，C. A. Desoer，E. S. Kuh. Linear and Nonlinear Circuits. New York: McGraw-Hill Inc.，1987.

【正】CHUA L O，DESOER C A，KUH E S. Linear and Nonlinear Circuits. New York: McGraw-Hill Inc.，1987.

<u>辨析</u>　据 GB/T 7714—2005 中 8.1.1 规定："个人著者采用姓在前名在后的著录形式。欧美著者的名可以用缩写字母，缩写名后省略缩写点。"

【误】［美］贾森·詹宁斯（Jason. Jennings）. 创新无限——伟大的公司如何追求持续而彻底的变革［M］. 王志宇译. 北京：中国电力出版社，2015

【正】詹宁斯. 创新无限——伟大的公司如何追求持续而彻底的变革［M］. 王志宇，译. 北京：中国电力出版社，2015.

<u>辨析</u>　本例共 3 个问题：①该文献虽为译著，但不用加作者国籍。②根据 GB/T 7714—2005 8.1.1 规定，个人著者的著录格式应为姓在前名在后，"詹宁斯"是姓，"贾森"是名。欧美著者的中译名可以只著录其姓。本例只著录作者的姓"詹宁斯"。③"王志宇译"应改为"王志宇，译"。

【误】（3）陈青，丛伟．编．检测与转换技术［M］.（第二版）．北京：中国电力出版社，2014

【正】［3］陈青，丛伟．检测与转换技术［M］. 2 版．北京：中国电力出版社，2014.

辨析 多项著录格式错误：①序号"（3）"应改为"［3］"；②编著方式"编"不用写；③版本项"（第二版）"应改为"2 版."（第 1 版不必著录此项）；④每条参考文献结尾应加"."，即"2014"应改为"2014."。（参见 GB/T 7714—2005 中 7.2 规定。）

【误】胡静波．一种自适应运动目标检测算法研究//电气自动化，2014（6）：42-45.

【正】胡静波．一种自适应运动目标检测算法研究．电气自动化，2014（6）：42-45.

辨析 据 GB/T 7714—2005 中 4.4.2 的规定，连续出版物中析出的文献著录格式为：

析出文献主要责任者.析出文献题名［文献类型标志］. 连续出版物题名：其他题名信息，年，卷（期）：页码［引用日期］. 获取和访问路径.

本例误用专著中析出文献的著录格式，应将"//"改为"."。

5.6　索引常见问题

索引（也叫引得，index）是指把书刊中的项目或内容摘记下来，每条下标注出处页码，按一定次序排列，供人查阅的资料。

编制索引的目的是为了方便读者查阅书中内容。索引属于辅文的一种，常用于较专业的科技图书，特别是字数较多、内容丰富的科技书、工具书，在辞书、年鉴、百科全书中更为常用。

各种类型文献索引的编制，可按照 GB/T 22466—2008《索引编制规则（总则）》的规定进行。

索引的编排有字顺索引、分类索引、分类—字顺索引等。

索引常见问题有缺索引、索引标目不全、索引标目与索引出处不对应等。

【误】某关于互感器的科技书索引如下：

索　引

电磁式电流互感器·······················1,19

光电式电流互感器·······················1,29

××××·······························

电磁式电压互感器·······················1,45

××××·······························

······

正文中有关于电容式电压互感器的内容。

【正】在索引中补充"电容式电压互感器"标目。

辨析　本例为索引标目不全。电容式电压互感器是一种很重要的互感器，介绍互感器的图书应将其列入索引。参见 GB/T 22466—2008 中 6.6 标引深度相关规定。

【误】

索　引

××××　—————————————————

××××　—————————————————

传感器　——————————————————— 11

××××　—————————————————

电动汽车　————————————————— 47

××××　—————————————————

正文：36 页有"电动汽车"相关内容，47 页没有。

【正】将电动汽车的出处页码"47"改为"36"。

辨析　书稿由于排版后内容改动、版式调整等原因，变动了正文页码，但索引标目的出处页码没有随之改变。这种情况将给读者带来不便，应避免发生。

【误】译著的索引被删掉。

【正】译著的索引应保留。

辨析 外版科技书中多有索引。翻译时应全文译出，以方便读者查阅。此外，需注意的是，根据 CY/T 33—2001《译文的标识》，对外文书索引的修改应予以说明。

【误】

索　引	
××××··	
智能电网···	1
×××× ··	
智能小区···	62
×××× ··	
······	

正文中没有"智能小区"内容。

【正】补充正文中"智能小区"的相关内容，或删去"智能小区"索引。

辨析 根据索引标目在正文中找不到相关内容，此种情况一定要避免。否则，不但起不到索引的作用还会给读者造成困惑。

6

语言文字常见问题

规范使用语言文字是图书编辑的责任和义务。在图书中,语言文字常见问题主要有缺乏逻辑性,文字、词语、语法和标点符号使用不当或不规范,翻译问题等。

6.1 逻 辑 性 问 题

逻辑和语言表达关系密切,逻辑是语法的基础,是语言表达的内在依据。图书中的语言表达更要严谨、准确,注意不要出现概念错误、推理错误、分类不当、判断错误等问题,在运用逻辑规律时不得违反同一律、不矛盾律、排中律和充足理由律等。

6.1.1 逻辑形式常见问题

6.1.1.1 概念错误

【误】值长通知:4 号锅炉于四月二日凌晨三十分停炉,底部排污一次。

【正】值长通知:4 号锅炉于四月二日零时三十分停炉,底部排污一次。

辨析 该例对词义不甚了解,造成表达模糊不清。"凌晨三十分"是一个模糊不清的概念,"凌晨"是指黎明前,天将亮未亮的时候,而非午夜过后。经核实,确切含义是"零时三十分停炉"。

【误】在集中供热条件下,用于输送和分配热水的管道系统称为热网。

【正】在集中供热条件下，用于输送和分配传热介质（热水或蒸汽）的管道系统称为热网。

辨析 热网中的传热介质包括蒸汽和热水，不能用种概念代替属概念，否则为定义过窄。

【误】能源植物指经专门种植的，含糖类（碳氢化合物）较高的草本和木本植物。

【正】能源植物指经专门种植的，含糖类（碳氢化合物）较高，用于提供能源原料的草本和木本植物。

辨析 按照原来的定义，水稻就是人类专门种植的含糖类（碳氢化合物）较高的草本植物，但它是重要的粮食作物，不是能源植物。因此，属于定义过宽，即定义项的外延超出了被定义项的外延。

【误】电力系统指由发电、变电、输电和配电等环节组成的电能生产、传输和分配的系统。

【正】电力系统指由发电、变电、输电、配电和用电等环节组成的电能生产、传输、分配和消费的系统。

辨析 原句没有涵盖用电这一消费环节，不全面，定义不完整。

【误】当架空线路的一根带电导线断落在地上时，落地点与带电导线的电动势相同，电流就会从导线的落地点向大地流散，于是地面上以导线落地点为中心，形成了一个电动势分布区域，离落地点越远，电流越分散，地面电动势也越低。

【正】当架空线路的一根带电导线断落在地上时，落地点与带电导线的电位（电势）相同，电流就会从导线的落地点向大地流散，于是地面上以导线落地点为中心，形成了一个电位（电势）分布区域，离落地点越远，电流越分散，地面电位（电势）

也越低。

辨析 "电位（电势）"和"电动势"在电学中是有严格定义的物理量，不能随意改动。全国科学技术名词审定委员会对这两个术语的定义如下：电位，将单位正电荷从参考点移到另一点时电场力所做的功，参考点位于无穷远处，或出于实用目的，取地球表面作为参考点。它是标量，又称电势，英文名称 electric potential。电动势，维持电流持续流动的电学量，为理想电压源的端电压。英文名称 electric motive force，EMF。由于名词术语"电动势"的旧称为"电势"，此量的名称很容易混淆。编辑应十分注意，在书稿中不能一见到"电势"就改为"电动势"。此例极有可能是编辑将"电势"错改为"电动势"。

6.1.1.2 推理有误

【误】裸导线的规格型号由导线材料及结构和标称截面两大部分组成，中间用"-"隔开，如 TJ-50 代表标称截面为 70mm^2 的铜绞线，GJ-50 代表标称截面为 70mm^2 的钢绞线，LJ-50 代表标称截面为 50mm^2 的铝绞线。

【正】裸导线的规格型号由导线材料及结构和标称截面积两大部分组成，中间用"-"隔开，如 TJ-50 代表标称截面积为 50mm^2 的铜绞线，GJ-70 代表标称截面积为 70mm^2 的钢绞线，LJ-50 代表标称截面积为 50mm^2 的铝绞线。

辨析 按照规格型号的表示方式，T、G、L 是铜、钢、铝的汉语拼音首字母，50、70、50 则是标称截面积，由此推出：TJ-50、GJ-50 为标称截面积为 50mm^2 的铜绞线和钢绞线，原句推理有误。

【误】早起学习还可以锻炼自己的意志力。虽然睡觉是一件很舒服的事情，尤其是冬天，暖和的被窝更令人留恋，但是，当闹钟响起时，是战胜自己起床学习，还是被闹钟打败继续睡觉呢？

【正】早起学习还可以锻炼自己的意志力。虽然睡觉是一件很舒服的事情，尤其是冬天，暖和的被窝更令人留恋，但是，当闹钟响起时，是战胜自己起床学习，还是被懒惰打败继续睡觉呢？

辨析 被闹钟打败应该起床，而不是睡懒觉。

【误】经测试，未知溶液的 pH 值大于 7，说明该溶液一定是碱溶液。

【正】经测试，未知溶液的 pH 值大于 7，说明该溶液呈碱性。

辨析 溶液的 pH 值大于 7，不一定是碱溶液，也有可能是盐溶液，如小苏打（碳酸氢钠）溶液的 pH 值也大于 7。

【误】根据电磁感应定律，在磁场中移动导体就会有电流。

【正】根据电磁感应定律，闭合电路的一部分导体在磁场中做切割磁感应（力）线的运动时，导体中就会产生电流。

辨析 "在磁场中移动导体"只是必要条件之一，不是充分必要条件，不能推出结果。

【误】打扫卫生时，注意不要用湿手触摸或湿布擦拭灯头和灯泡即可防止触电。

【正】打扫卫生时，应先关闭开关，切断电源，然后站在干燥的绝缘物上擦拭灯具，注意不要用湿手触摸或湿布擦拭灯头和灯泡。

辨析 "通电状态用湿手触摸或湿布擦拭灯头和灯泡"只是易导致触电事故发生的条件之一，不用湿手触摸或湿布擦拭不能完全避免触电，不切断电源或脚踩导体也易导致触电事故的发生。此例为推理不出的错误。

6.1.1.3 分类不当

【误】欧洲近海风能资源最丰富的国家依次为英国、挪威、丹麦、瑞典、瑞士、荷兰和芬兰。

【正】欧洲近海风能资源最丰富的国家依次为英国、挪威、丹麦、瑞典、荷兰和芬兰。

辨析 瑞士是欧洲内陆国家，不可能有近海风能资源。

【误】美国、英国、德国、西班牙、葡萄牙、澳大利亚、日本、挪威、丹麦等欧美国家都在大力提倡开发利用海洋能。

【正】英国、德国、西班牙、葡萄牙、挪威、丹麦等欧洲国家，以及美国、澳大利亚、日本，都在大力提倡开发利用海洋能。

辨析 澳大利亚位于大洋洲，日本位于东亚，均不属于欧美国家。

【误】这些行为违反了《电力法》《电力设施保护条例》等规章制度。

【正】这些行为违反了《电力法》和《电力设施保护条例》。

辨析 在中国，规章是指国家行政机关根据法律和行政法规在其职权范围内制定的关于行政管理的规范性文件，如国务院发布的《电力设施保护条例》。《电力法》是法律文件，法律文件是全国人大及其常委会制定的。两者在制定主体、效力等级方面均不同，法律的效力高于规章制度。

【误】现有电厂可以分为火电厂、热电厂、水电厂、核电厂、风电场、地热电站、太阳能发电站、生物质发电厂、潮汐电站等。

【正】按照利用一次能源的种类，现有电厂可以分为火电厂、水电厂、核电厂、风电场、太阳能发电站、地热电站、生物质发电厂、潮汐电站等。

辨析 很明显，原句是按照一次能源（分别为化石燃料、水能、核能、风能、太阳能、地热能、生物质能、潮汐能）将现有电厂进行分类的，火电厂、地热发电厂、生物质发电厂都可以是热电厂，因此按原句的划分标准，热电厂不能与其他电厂并列。

【误】雷鸣电闪的雨后，植物和农作物的光合作用、新陈代谢

69

更加旺盛。

【正】雷鸣电闪的雨后，植物的光合作用、新陈代谢更加旺盛。

辨析 农作物也是植物，植物与农作物是属概念与种概念的关系，两者不能并列使用，否则会犯"属种不当并列"的错误。

6.1.1.4 判断错误

【误】在反渗透装置运行过程中，如果反渗透膜结垢，装置的除盐率就会下降；一旦装置的除盐率下降，可以断定是反渗透膜出现结垢。

【正】在反渗透装置运行过程中，反渗透膜结垢，是装置除盐率下降的主要原因之一。

辨析 "反渗透膜结垢"是"装置除盐率下降"的充分条件，充分条件就是产生某一结果的充足的、足够的条件。但反过来，"装置除盐率下降"作为一种结果，引起的原因有很多，如反渗透膜被污染、结垢、给水温度过高、预处理效果不佳，等等，因此不能断定一旦装置的除盐率下降就是反渗透膜结垢引起的。

【误】一人意外触电伤亡，会给亲人造成极大的精神痛苦，甚至会毁掉一个个好端端的家庭。

【正】一人意外触电伤亡，会给亲人造成极大的精神痛苦，甚至会毁掉一个好端端的家庭。

辨析 "一个个"属于量词的重叠，在此句中充当定语，有"每一个"或"多个"的含义。由"一人"推及"多个"，属于量项选择错误，因此原句的判断有误。

【误】切忌不要用湿布擦拭脏污的电极。

【正】不要用湿布擦拭脏污的电极。

辨析 原句误用否定之否定，把意思搞反了。"切忌"一词的含义是"切实避免或防止"，因此"切忌"和"不要"取其一。

【误】谁也不能否认治理污染、做好电厂环保工作不重要。

【正】谁也不能否认治理污染、做好电厂环保工作很重要。

> **辨析** 误用三重否定，"不能否认"是双重否定，实为肯定。原句表达的是"谁都认为治理污染、做好电厂环保工作不重要"，这显然是错误的。

6.1.2 运用逻辑规律常见问题

【误】电力营销稽查是电力营销环节内控约束机制的主要组成部分，是查处电力营销工作中的责任事故、差错和用户违章用电、窃电行为。

【正】电力营销稽查是电力营销环节内控约束机制的主要组成部分，其工作内容是查处电力营销工作中的责任事故、差错和用户违章用电、窃电行为。

> **辨析** 原句在叙述中用"电力营销稽查的工作内容"代替了"电力营销稽查"，偷换了概念，违反了同一律。同一律指在同一思维过程中，反映某对象的概念或判断必须有确定性，保持自身同一，不能混淆不相同的概念和判断。

【误】全新 iPad 有哪些特性？又会带来怎样的全新体验？如何快速掌握它的使用方法？我相信很多读者会有这样的疑问，只是苦于周围没有我这样的朋友，于是编写了这本书。

【正】全新 iPad 有哪些特性？又会带来怎样的全新体验？如何快速掌握它的使用方法？很多读者会有这样的疑问，只是苦于周围没有我这样的朋友，于是我编写了这本书。

> **辨析** "只是苦于周围没有我这样的朋友，于是编写了这本书"隐含的主语发生变化，先是指"读者"，后又换成了"我"，属于偷换主语，违反了同一律。

【误】安全用电涉及的主要灾害包括人身触电、火灾、爆炸等。

【正】用电不安全可能涉及的主要灾害包括人身触电、火灾、爆炸等。

辨析 如果安全用电，那么由用电引发灾害的可能性微乎其微；用电不安全才容易引发灾害。原句违反了不矛盾律。不矛盾律指两个互相矛盾或互相反对的思想不同时为真，其中必有一假。

【误】三峡工程是最伟大的工程之一。

【正】三峡工程是一项伟大的工程。

辨析 此句中的"最"与"之一"矛盾，"最"的含义是超越其他一切，但是"之一"又默认了有许多。违反了不矛盾律。

【误】经过技术改造，所有设备的输出基本上达到了额定功率。

【正】经过技术改造，大部分设备的输出达到了额定功率。

辨析 既然是"基本上"，就说明不是全部，因此"设备"和"基本上"这两个概念是矛盾的，原句违反了不矛盾律。

【误】在对电站阀门进行招标时，有人主张应全部使用进口阀门，也有人主张不一定全部使用进口阀门。他们说得都不对。

【正】在对电站阀门进行招标时，有人认为，应全部使用进口阀门，也有人认为，不一定全部使用进口阀门。事实上可以部分使用进口阀门。

辨析 原句的第二句违反了排中律。排中律是指在同一思维与表述中，不能对相互矛盾的语句同时予以否定，必有一个是真的。原句第一句表述的含义是互相矛盾的。第一句中先是全称肯定判断——全部使用进口阀门，然后是对"全部使用进口阀门"的否定——不一定全部使用进口阀门，即有的阀门可以不是进口阀门，两者必是一真一假，既不可能同真，也不可能同假，因此第二句中的"其实他们说得都不对"违反了排中律。应肯定其一，如"可以部分使用进口阀门"即肯定"不一定全部使用进口阀门"。

【误】虽然地球提供给我们的矿物燃料的储量是有极限的，但不管怎样，在过去的几十年里，技术进步的结果使得从贫矿中提炼矿物资源成为可能，并且已经使油田和煤田的产量有了极大的增长。因此，没有理由相信地球提供给我们的能量资源的容量是有极限的。

【正】有这样一种观点，认为虽然地球提供给我们的矿物燃料的储量是有极限的，但不管怎样，在过去的几十年里，技术的进步使得从贫矿中提炼矿物资源成为可能，并且已经使油田和煤田的产量有了极大的增长。但是我们应该看到，即使有了技术进步，石油和煤也是不可再生的资源，地球提供给我们的矿物资源不是无限的。

辨析 论据片面，以偏概全，推理不出。虽然技术进步可以提高矿物资源的利用率，但不能改变地球上的煤、石油等矿物资源是不可再生的事实，无法直接得出储量无极限的结论。

【误】随着人类对自然资源的过度索取和不合理利用，能源供应短缺将是导致能源危机的唯一因素。

【正】人类对自然资源的过度索取和不合理利用，将导致能源供应短缺，而能源供应短缺将是导致能源危机的因素之一。

辨析 该例违反了充足理由律。能源供应短缺只是导致能源危机的因素之一，能源价格上涨以及经济和政治不稳定，也可能导致能源危机。充足理由律的内涵必须有充足的理由，理由是真实的，理由可以推论出论点。

【误】因为氢是二次能源，是一种重要的清洁能源，所以它也是21世纪取代化石能源的主要能源。

【正】氢是二次能源，也是一种重要的清洁能源，它有可能成为21世纪取代部分化石燃料的能源之一。

辨析 原句违反了充足理由律。因为目前绝大部分的氢仍是从一次能源煤、石油、天然气等能源工业的副产品中提取，产量也不足以取代化石燃料，而且人类正在开发太阳能、风能、海洋能等可再生能源来替代化石燃料，故氢只能部分取代化石燃料，不能推论出氢是取代化石能源的主要能源。

6.2　字词及语法常见问题

图书中的字词及语法应用常见问题包括错别字、词语误用、汉语拼音使用和语法应用问题。

6.2.1　别字常见问题

6.2.1.1　音近致误

【误】蓝芽耳机

【正】蓝牙耳机

辨析　蓝牙，是一种支持设备短距离通信的无线电技术。蓝牙的英文名称是 bluetooth。

【误】创新科学发展体质

【正】创新科学发展体制

辨析　体质指人体的健康水平和对外界的适应能力；体制指国家、国家机关、企事业单位的组织制度。

【误】重迭式金属网带

【正】重叠式金属网带

辨析　重叠是指相同的东西一层层堆叠。其中的"叠"字的含义是"一层加上一层，重复"；而"迭"字作动词的含义是"轮流、替换"，作副词的含义是"屡次"或"及"。

【误】国藉

【正】国籍

辨析　在"国籍"中"籍"的含义是"个人对国家的隶属关

系"；"藉"（jí）的含义是"践踏，侮辱"或作"姓"使用。

【误】向基坑内灌筑混凝土。

【正】向基坑内灌注混凝土。

辨析 灌注的含义是浇进、注入。"注"在此句中有"灌入"的含义；而"筑"作动词时的含义是"建筑，修建"。

【误】关怀倍至

【正】关怀备至

辨析 关怀备至多指对人的关怀极其周到，其中的"备"是副词，表示"完全"，而"倍"的含义是"加倍"。

6.2.1.2 形似致误

【误】钢纹线松股、断股

【正】钢绞线松股、断股

辨析 钢绞线是一种输电线路用导线，没有"钢纹线"的说法。

【误】加固橼板

【正】加固椽板

辨析 椽（chuán）板是建筑工程专有名词术语；"橼"读音为 yuán，枸橼、香橼，是植物。

【误】眼花潦乱

【正】眼花缭乱

辨析 这个词中的"缭"有缠绕的含义，缭乱指纷乱；潦读liáo 时，用于表示颓丧、失意的潦倒，（字）不工整的潦草等词。

【误】修茸

【正】修葺

【辨析】 "葺"的含义是用茅草覆盖房顶，今指修理房屋；"茸"的含义是草初生纤细柔软的样子，如茸毛、毛茸茸。

【误】己烷

【正】己烷

【辨析】 根据中国化学协会制定的《有机化学命名原则》，烷烃主链上的碳原子数在十以内的，用天干（甲、乙、丙、丁、戊、己、庚、辛、壬、癸）表示，大于十的用中文汉字表示，如十二烷。

6.2.1.3 义近致误

【误】善长

【正】擅长

【辨析】 "善"本身就有"擅长、长于"的含义，如指某方面具有特长的"善于"。

【误】门可落雀

【正】门可罗雀

【辨析】 此成语含义是大门之前可以张起网来捕捉麻雀。形容十分冷落，宾客稀少。其中的"罗"指张网捕捉。

【误】弱不经风

【正】弱不禁风

【辨析】 此成语形容身体娇弱，连风吹都经受不起。多用来形容女子体态纤弱或病者体弱。其中的"禁"指承受。

【误】精萃

【正】精粹

【辨析】 精粹的含义是精华，而"萃"的含义是聚集或聚在一起的人或物，如萃聚、出类拔萃。

ЁЭЭЭЭЭ

6.2.1.4 音、形两近致误

【误】贪脏枉法

【正】贪赃枉法

> **辨析** 脏是形容词，含义是不干净；赃是名词，指通过贪污、受贿或抢劫、盗窃等非法手段得来的钱或物。

【误】泻漏

【正】泄漏

> **辨析** 泻是动词，含义是很快地流；泄也是动词，有液体、气体排出‖泄露‖发泄三种含义。

【误】干躁

【正】干燥

> **辨析** 躁指性急、不冷静；燥指缺少水分。

【误】俩个

【正】两个

> **辨析** 俩（读音liǎ），汉语中的数量词。"俩"后面不再接"个"或其他量词。原词也可改为"俩"。

6.2.1.5 音、形、义三近致误

【误】座标　座落

【正】坐标　坐落

> **辨析** "坐"是会意字，表示两人对坐在地上，它相对于走是静态，因此引申出建筑物的位置的"坐落"，能确定一个点在空间的位置的"坐标"；"座"也是会意字，但从广从坐，表示在屋里就坐，含义是"坐具"，是名词，如座位、座右铭、在座等，因此不能用作动词，"坐标、坐落"也就不能写作"座标、座落"。

6.2.2　词语误用常见问题

6.2.2.1　不明词义误用

【误】人们常言"拨云见日"，这个词在不同的环境下能够代表不同的含意。

【正】人们常言"拨云见日"，这个词在不同的环境下能够代表不同的含义。

辨析　含意指诗文、说话等含有的意思；含义指词句等所包含的意思。

【误】这条规定包涵了四层含义。

【正】这条规定包含了四层含义。

辨析　包含的意思是里面含有；包涵是客套话，请人原谅，如"请大家多多包涵!"。

【误】已有不只一个表计显示设备压力已超出了规定的上限。

【正】已有不止一个表计显示设备压力已超出了规定的上限。

辨析　不只用于表递进关系的关联词,相当于"不但、不仅"；不止是副词,指不停止或超出某个数目或范围,其所在句中一般带有表示数量的词。

【误】在未采取接地保护的情况下，电气设备产生绝缘损坏或其他意外情况，对操作者来说，是十分危险的。

【正】在未采取接地保护的情况下，电气设备发生绝缘损坏或其他意外情况，对操作者来说，是十分危险的。

辨析　产生是指从已有事务中生出新的事物；发生是指原来没有的事出现了。

【误】发现控制系统的显示屏含糊不清时，须立即通知检修人员。

【正】发现控制系统的显示屏模糊不清时，须立即通知检修人员。

辨析　含糊、模糊都有不清楚、不分明之意。但"模糊"一般用来形容具体事物外形或神态、记忆、感觉等；而"含糊"则一般形容语言表达不清或态度不够明朗。

【误】对电能表本身的计量误差和电能表使用不当造成的误差，也不能漠视。

【正】对电能表本身的计量误差和电能表使用不当造成的误差，也不能忽视。

辨析　漠视、忽视都有"不注意"的意思。前者强调冷淡地对待；后者强调不重视。

【误】由于大量中译日文科技书籍的传入，一大批新的科技名词由日语转为中文，其中许多名词保留延续至今，诸如科学、自然、物质、代数、物理、原子等。

【正】由于大量中译日文科技书籍的传入，一大批新的科技名词由日语转为中文，其中许多名词保留沿用至今，诸如科学、自然、物质、代数、物理、原子等。

辨析　沿用与延续的含义很接近，但沿用的含义是继续使用过去的方法、制度、法令、名称等，延续的含义是照原来样子继续下去或延长下去。因原句讲的是一大批科技名词的称谓，故使用"沿用"。

【误】设备铭牌上须表明型号、设备尺寸和主要技术参数。

【正】设备铭牌上须标明型号、设备尺寸和主要技术参数。

辨析　标明指做出记号或写出文字使人知道；表明指表示清楚，如表明态度、决心。

6.2.2.2 词性误用

【误】截止 2011 年底，全国总发电量为 47306 亿 kW·h。

【正】截至 2011 年底，全国总发电量为 47306 亿 kW·h。

辨析 截止的含义是到一定期限停止，是不及物动词，后面不能带宾语；截至的含义是截止到某个时候，是及物动词，后面能够带宾语。本例也可改为"截止到 2011 年底"。

【误】在编写过程中，柳××、赵××为我提供了许多技术资料，在此向他们表示诚挚的感谢！

【正】在编写过程中，柳××、赵××为我提供了许多技术资料，在此向他们表示诚挚的谢意！

辨析 感谢是动词，不适合做宾语，用词不当。

6.2.2.3 术语使用不规范

【误】矽钢

【正】硅钢

辨析 矽钢是硅钢的旧称，已不使用。

【误】ASC Ⅱ

【正】ASCII

辨析 ASCII（American Standard Code for Information Interchange）为美国信息交换标准代码（简称代码）的缩写，由于此代码读音只读"ASC"音，有人以为后边的 2 个 I 是罗马数字。

6.2.3 汉语拼音使用常见问题

【误】Lv Qingsen

【正】Lü Qingsen；

　　　Lǚ Qīngsēn；

　　　LYU QINGSEN

　　辨析　汉语拼音ü用英文字母 v 来代替是常见的错误用法，尤其是需要用汉语拼音书写姓名时。究其原因，主要是拼音输入法中ü用 v 来代替给人们造成的错觉。单纯 lv 两个字母在英文中除缩写词能单独拼读之外，这两个字母组合是不太容易发音的，即使能发音也与中文的"吕"音相去甚远。此外，ü常见的错误用法还包括地名、公司名等包括 lü和 nü时用 v 代替。

　　正确的写法是ü和ǚ，可以根据上下文要求，带音调或者不带；特殊场合用汉语拼音书写姓名时也可依据 GB/T 28039—2011《中国人名汉语拼音字母拼写规则》的规定书写："必要的场合（如公民护照、对外文件和书刊），大写字母 Ü 可以用 'YU' 代替。"

　　【误】YUANLIN LUHUA GONGCHENG（园林绿化工程）
　　【正】YUANLIN LÜHUA GONGCHENG
　　辨析　封面设计中除汉字书名外，使用拼音书写书名是较常见的情况，其中设计人员用 U 代替 Ü 是较常见的错误。

　　【误】DIANQIZIDONGHUA JINENGXINGRENCAI SHIXU-NXILIE
　　（电气自动化技能型人才实训系列）
　　【正】DIANQI ZIDONGHUA JINENGXING RENCAI SHIXUN XILIE
　　辨析　按照 GB/T 16159—2012《汉语拼音正词法基本规则》的规定，汉语拼音基本上以词为书写单位。

　　【误】黄河　Huanghe
　　【正】黄河　Huang He
　　辨析　按照 GB/T 16159—2012《汉语拼音正词法基本规则》和《中国地名汉语拼音字母拼写规则（汉语地名部分）》的规定，"汉语地名中的专名和通名分写，每一分写部分的首字母大写"。例如，

"北京市"写为"Beijing Shi","泰山"写为"Tai Shan"。但已专名化的地名不再区分专名和通名，各音节连写。例如，"黑龙江[省]"写为"Heilongjiang"，"酒仙桥[医院]"写为"Jiuxianqiao"。

【误】Xīān（西安）

【正】Xī'ān（西安）

辨析 根据《汉语拼音方案》，a、o、e 开头的音节连接在其他音节后面的时候，如果音节的界限发生混淆，用隔音符号（'）隔开。又如：pi'ao（皮袄）。

【误】"……gu-

āngmíng"（光明）

【正】"……guāng-

míng"（光明）

辨析 汉语拼音换行时要按音节分开，在没有写完的地方加连接号。音节内部不可拆分。guāngmíng（光明）不能将 guāng 分开加连接号。若音节前有隔音符号，换行时，去掉隔音符号，加连接号。如上例中的 Xī'ān（西安）换行时写为："……Xī-ān（西安）。

6.2.4　语法使用常见问题

6.2.4.1　成分缺失

【误】业务量减少会推高企业成本，是指企业在一定的生产经营期内投入或完成的经营工作量的统称。

【正】业务量减少会推高企业成本。业务量是指企业在一定的生产经营期内投入或完成的经营工作量的统称。

辨析 前一句的主语并不是后一句的主语，后一句主语缺失。

【误】归纳和演绎进行推理的两种基本方法。

【正】归纳和演绎是进行推理的两种基本方法。

辨析 缺少谓语动词"是"。

【误】梯级水电站群安全问题是水电梯级开发所引发的新问题。梯级中的水电站除了受到暴雨、洪水、地震等自然因素，规划、勘察设计、施工、运行等人为因素，还受到上游水库破坏与失事等工程因素的影响。

【正】梯级水电站群安全问题是水电梯级开发所引发的新问题。梯级中的水电站除了受到暴雨、洪水、地震等自然因素和规划、勘察设计、施工、运行等人为因素的影响，还受到上游水库破坏与失事等工程因素的影响。

辨析 第二句缺少宾语，改为"受到……的影响"。

【误】电磁干扰专业委员会为编写本书成立了编写委员会，由专业委员会部分成员单位的知名专家、学者组成。

【正】电磁干扰专业委员会为编写本书成立了编写委员会，编写委员会由专业委员会部分成员单位的知名专家、学者组成。

辨析 原句中第二句的缺少主语，第一句的宾语应为第二句的主语。

6.2.4.2 成分不完整

【误】在 ZnO 中添加得到了对乙醇气体具有选择性的元件。

【正】在 ZnO 中添加稀土，得到了对乙醇气体具有选择性的元件。

辨析 没有交代添加什么才能出现上述结果，成分不完整。

【误】目的在于考核学生运用基本理论知识和基本技能综合分析问题。

【正】目的在于考核学生运用基本理论知识和基本技能综合分析问题的能力。

辨析 句中的宾语缺少中心语。

【误】本题考核的是必须进行招标规模。

【正】本题考核的是必须进行招标项目的规模。

辨析 原句没讲出来是什么的规模，该句的宾语含义不清、不完整。

【误】重大技术装备完全靠我们从头摸起则要用更长的时间。

【正】研制重大技术装备完全靠我们从头摸起则要用更长的时间。

辨析 动宾短语作主语，主语是"研制设备"而不是"设备"，主语不完整。

6.2.4.3　成分多余

【误】水处理值班员应掌握熟悉离子交换器的再生工艺。

【正】水处理值班员应掌握离子交换器的再生工艺。

辨析 语义重复，谓语动词"掌握"本身就有"了解、熟悉并加以利用"的含义，因此删去"熟悉"。

【误】秋冬季节，天气干燥，防火工作更加至关重要。

【正】秋冬季节，天气干燥，防火工作至关重要。

辨析 副词赘余，"至关重要"形容非常重要，因此删去副词"更加"。

【误】管道压力大约在 0.3MPa 左右。

【正】管道压力在 0.3MPa 左右。

辨析 副词"大约"与表示概数的"左右"重复。该句或改为"管道压力约为 0.3MPa"。

6.2.4.4 搭配不当

【误】日常巡检时，要求对发现的螺丝松动、绞线受损等问题及时排除。

【正】日常巡检时，要求对发现的螺丝松动、绞线受损等故障隐患及时排除。

辨析 搭配不当，应为"排除隐患""解决问题"。

【误】热工班组荣获厂先进班组。

【正】热工班组荣获厂先进班组称号。

辨析 搭配不当，荣获应与"称号"搭配。

【误】电力企业员工必须贯彻落实《电力（业）安全工作规程》。

【正】电力企业员工必须遵守《电力（业）安全工作规程》。

辨析 贯彻落实的对象一般是指方针、政策、会议精神等，而《电力（业）安全工作规程》是强制性标准，要求必须遵守。

【误】油漆及粉刷不符合设计要求及规范要求施工。

【正】油漆及粉刷不符合设计要求和施工规范要求。

辨析 搭配不当，"不符合"应与"要求"搭配，而不是"施工"。

【误】输变电工程青海段的任务和工期都很艰巨和紧张。

【正】输变电工程青海段的任务很艰巨，工期很紧张。

辨析 搭配不当，对任务和工期的修饰应该分开。

【误】纵观电力设施保护范围的变迁，可知保护范围随着科技发展不断扩大，只有纳入保护范围的电力设施才是法律概念。

【正】纵观电力设施保护范围的变迁，可知保护范围随着科技发展不断扩大，只有纳入保护范围的电力设施才是法律概念上的电力设施。

辨析 主语与宾语不一致。"法律概念"是这句话的定语，不是宾语中心语。

【误】进入厂区，应穿工作服、安全帽。

【正】进入厂区，应穿工作服、戴安全帽。

辨析 动宾搭配不当，不能说穿帽子，只能说戴帽子。

【误】保护接地线把设备或用电器的外壳与大地连接，采用保护接地线接地是防止触电事故的良好方案。

【正】保护接地线把设备或用电器的外壳与大地连接，采用保护接地线接地是防止发生触电事故的有效措施。

辨析 后半句搭配不当，"采用保护接地线接地"只能算措施，尚不构成方案。

【误】除了仪器精度外，测量结果的好坏还取决于操作的正确。

【正】除了仪器精度外，测量结果的好坏还取决于操作的正确与否。

辨析 主语具有两面性——结果的好坏，宾语却只有一面性——操作的正确，两者搭配不当。

6.2.4.5 语序不当

【误】树立和落实科学发展观，发展和重视可再生能源利用技术，是减少我国碳排放的一项重要举措。

【正】树立和落实科学发展观，重视和发展可再生能源利用技术，是减少我国碳排放的一项重要举措。

辨析 语序不当，先"重视"后"发展"。

【误】安监部门通过并研究了有关箱式变电站的管理规章制度。

【正】安监部门研究并通过了有关箱式变电站的管理规章制度。

辨析 先"研究"再"通过"。

【误】我们编写章后思考题和总复习题,应注意题目的科学性、知识性和实践性,目的是帮助学生提高和培养自己发现问题、分析问题和解决问题的能力。

【正】我们编写章后思考题和总复习题时,应注意题目的科学性、知识性和实践性,目的是帮助学生培养和提高自己发现问题、分析问题和解决问题的能力。

辨析 先"培养"再"提高"。

【误】家用各种电器需要电。

【正】各种家用电器需要电。

辨析 多层定语的次序依次是表示领属关系的词语,时间、处所的词语(表示"谁的""什么时候""什么地方"),指示代词或数量短语(表示"多少"),动词或动词短语(表示"怎么样的"),形容词或形容词短语(表示"什么样"),表示质料、属性或范围的名词或名词短语(表示"什么"),因此"各种"应在家用之前。

6.2.4.6 句式杂糅

【误】变压器发生故障,是由于空气中水分太大以及变压器自身结构不良的缘故引起的。

【正】变压器发生故障,是由空气中水分太大以及变压器自身结构不良引起的。

辨析 原句将"是由于……的缘故"与"是由……引起的"两种句式混用,择其一即可。

【误】这个重大装备研制项目，耗时长达六年之久。

【正】这个重大装备研制项目，耗时长达六年。

辨析 原句把"长达"与"达……之久"重复，此句也可改为"这个重大装备研制项目，耗时达六年之久"。

【误】这本教材的读者对象，主要是面向高职高专热动专业的学生。

【正】这本教材的读者对象，主要是高职高专热动专业的学生。

辨析 原句把"读者对象是……"与表示对象的"面向……"混用，此句也可改为"这本教材主要面向高职高专热动专业的学生"。

【误】检修班组本着保证质量、降低成本为原则，应用了新工艺和新技术。

【正】检修班组以保证质量、降低成本为原则，应用了新工艺和新技术。

辨析 原句把"本着……的原则"与"以……为原则"混用。此句也可改为"检修班组本着保证质量、降低成本的原则，应用了新工艺和新技术"。

【误】本书的编写人员，不仅有本研究院的有关专家，还有来自其他高校和研究机构的教师和科技工作者也参加了编写工作。

【正】本书的编写人员，不仅有本研究院的有关专家，还有来自其他高校和研究机构的教师和科技工作者。

辨析 "编写人员由……组成"与"由……参加编写"杂糅。

【误】经检查，阀门发生泄漏，主要的原因是管道压力超限造成的。

【正】经检查，阀门发生泄漏，主要的原因是管道压力超限。

辨析 原句把"原因是……"与"是……造成的"混用。此句也可改为"经检查，阀门发生泄漏，主要是管道压力超限造成的"。

6.2.5 复句表达常见问题

【误】电厂职工人数减少了，但是电厂引进了新技术，加上职工的岗位技能有了很大的提高，因为采用了先进的控制系统，所以电厂减员后仍能保持电力安全生产的良好局面。

【正】虽然电厂职工人数减少了，但是因为电厂引进了新技术，即采用了先进的控制系统，加上职工的岗位技能有了很大的提高，所以电厂减员后仍能保持电力安全生产的良好局面。

辨析 原句层次不清，语序不当。这是一个多重复句，改后第一分句与后四句是转折关系，第二、三、四分句与第五句是因果关系，第二、三分句为解说关系，与第四分句构成并列关系。

【误】近三年来，该厂的电气设备制造技术水平又有了新的提高，其中有两项技术不但达到了国际先进水平，而且填补了国内空白。

【正】近三年来，该厂的电气设备制造技术水平又有了新的提高，其中有两项技术不但填补了国内空白，而且达到了国际先进水平。

辨析 原作为递进复句，后一句应比前一句表示的意思更进一层。

【误】过去一年，××电力公司的营业收入有了大幅度的增长，但是该公司更是获得了全省电力安全文化建设示范企业的称号。

【正】过去一年，××电力公司的营业收入有了大幅度的增长，该公司更是获得了全省电力安全文化建设示范企业的称号。

辨析 关联词错用，"但是"表示转折关系，这个复句没有转折关系，因此删去"但是"。

6.3　标点符号常见问题

标点符号简称标点，是辅助文字记录语言的符号，是现代书面语的有机组成部分，用来表示语句的停顿、语气以及标示某些成分（主要是词语）的特定性质和作用。GB/T 15834—2011《标点符号用法》中共有常用的标点符号 17 种，分点号和标号两大类。

点号 7 种，其作用是点断，主要表示停顿和语气，分为句末点号和句内点号。用于句末的点号，表示句末停顿和句子的语气，包括句号、问号、叹号。用于句内的点号，表示句内各种不同性质的停顿，包括逗号、顿号、分号、冒号。

标号 10 种，其作用是标明，主要标示某些成分（主要是词语）的特定性质和作用，包括引号、括号、破折号、省略号、着重号、连接号、间隔号、书名号、专名号、分隔号。

标点的差错无外乎体现在：不应该用标点的地方用了标点；应该用标点的地方没有用标点；用错了标点；标点的位置不对。

6.3.1　点号常见问题

【误】斜屋面变坡交接处、老虎窗与屋面连接处的受力钢筋配置不足。不能满足板块支座弯矩应力变形的要求。

【正】斜屋面变坡交接处、老虎窗与屋面连接处的受力钢筋配置不足，不能满足板块支座弯矩应力变形的要求。

辨析 第一句内容不完整，不能用句号结尾。

【误】通过河流的电缆线路，应敷设于河床稳定及河岸很少受到冲损的地方。应尽量避开码头、锚地、港湾、渡口及有船停泊处。

【正】通过河流的电缆线路，应敷设于河床稳定及河岸很少受到冲损的地方，应尽量避开码头、锚地、港湾、渡口及有船停泊处。

辨析 第二句仍是第一句技术内容的延续，为同一单句的分句，应用逗号隔开，不能用句号。

【误】按静电场的原理，电场中的导体应是等位体，若不为等位体，则导体中的电子会在电场力作用下重新分布，直至电位相等为止……

【正】按静电场的原理，电场中的导体应是等位体。若不为等位体，则导体中的电子会在电场力作用下重新分布，直至电位相等为止……

辨析 句子含义完整的，要用句号结尾，而不能一逗到底。

【误】通过化验分析，发现油质劣化过程中产生下列分解产物：①过氧化物。②水溶性酸。③低分子酸（已被纤维素吸附）。④脂肪酸。⑤水分。

【正】通过化验分析，发现油质劣化过程中产生下列分解产物：①过氧化物；②水溶性酸；③低分子酸（已被纤维素吸附）；④脂肪酸；⑤水分。

辨析 分项列举的各项之间的句号改用分号。

【误】通常声阻变化不大，因而反射量很小属于二阶效应。

【正】通常声阻变化不大，因而反射量很小，属于二阶效应。

辨析 应逗未逗，"反射量很小"之后应用逗号隔开，否则易产生误解。

【误】风电场应当在全部机组并网调试运行后 6 个月内向电力系统调度机构提供有关风电场运行特性的测试报告。

【正】风电场应当在全部机组并网调试运行后 6 个月内，向电力系统调度机构提供有关风电场运行特性的测试报告。

辨析 句子太长，中间需要停频，应用逗号隔开。

【误】对于生疏的电气设备拆卸前应先熟悉其电路原理和结构特点。

【正】对于生疏的电气设备，拆卸前应先熟悉其电路原理和结构特点。

辨析 表示对象的状语用逗号隔开。

【误】全书共十一章，第一章介绍……基本知识；第二章介绍……

【正】全书共十一章：第一章介绍……基本知识；第二章介绍……

辨析 误用逗号，"第一章介绍……基本知识；第二章介绍……"是对"全书共十一章"进行说明，因此改为表示提示下文的冒号更合适。

【误】检修报告应结论明确，包括检修施工的组织、技术、安全措施、检修记录表以及修前、修后各类检测报告。

【正】检修报告应结论明确，包括检修施工的组织、技术、安全措施，检修记录表，以及修前、修后各类检测报告。

辨析 句子中的宾语"检修施工的组织、技术、安全措施"与"检修记录表"和"修前、修后各类检测报告"是并列关系，因此要用逗号隔开。

【误】如发现绞线松股、断股、护套严重破损，夹具断裂松动等，不得使用。

【正】如发现绞线松股、断股，护套严重破损，夹具断裂松动等，不得使用。

辨析 绞线松股、断股与护套严重破损是导线破损的两种表现，在层次上是并列的，其间用逗号隔开。

【误】设备和设施功能不齐全、或操作不方便。

【正】设备和设施功能不齐全或操作不方便。

<u>辨析</u> 顿号用于并列成分之间，"和""与""及""或"等连词前不用顿号，因此删去顿号。

【误】估计库房里有四、五种建材。

【正】估计库房里有四五种建材。

<u>辨析</u> 概数之间不用加顿号。

【误】40MnCr72、50Mn18Cr4、50Mn18Cr4WN 和 CSNN7455 等四种钢材中，前三种：属 Mn-Cr 系钢，后一种为 Mn-Ni-Cr 系钢。

【正】40MnCr72、50Mn18Cr4、50Mn18Cr4WN 和 CSNN7455 等四种钢材中，前三种属 Mn-Cr 系钢，后一种为 Mn-Ni-Cr 系钢。

<u>辨析</u> 冒号应用在有停顿处，无停顿处不应用冒号。因此"前三种"后面的冒号应去掉。

6.3.2 标号常见问题

【误】厚厚的大气层是保护地球的盔甲。

【正】厚厚的大气层是保护地球的"盔甲"。

<u>辨析</u> 引号用于表示特殊称谓，大气层并不是真的盔甲，而是用"盔甲"来形容大气层具有保护地球的作用。

【误】20 世纪末，能源危机、人口过剩、资源破坏（尤其是淡水资源）、环境恶化，以及接连不断的灾变,向人类敲响了警钟。

【正】20 世纪末，能源危机、人口过剩、资源（尤其是淡水资源）破坏、环境恶化，以及接连不断的灾变，向人类敲响了警钟。

<u>辨析</u> 括号位置不当，括号内的文字是补充说明"资源"的内容，而不是补充说明"资源破坏"的内容。

【误】国办发（2013）93 号

【正】国办发〔2013〕93 号

> **辨析** GB/T 15834—2011《标点符号用法》4.9.3.4 规定："标示公文发文字号中的发文年份时，可用六角括号。"GB/T 9704—2012《党政机关公文格式》7.2.5 规定："年份应用全称，用六角括号〔〕括入。"

【误】这里的大部分非代工企业往往不能找准消费者需求——因为没有直接来自消费者的需求信息，或者不能直接满足消费者需求——因为产品或服务要经过很多环节才能传递到消费者手中。

【正】这里的大部分非代工企业往往不能找准消费者需求，没有直接来自消费者的需求信息，或者不能直接满足消费者需求，因为产品或服务要经过很多环节才能传递到消费者手中。

> **辨析** 破折号后面是解释说明的部分，但这句话已有"因为"两个字了，就不能用破折号，而应用逗号。如仍用破折号，则改为："这里的大部分非代工企业往往不能找准消费者需求——没有直接来自消费者的需求信息，或者不能直接满足消费者需求——产品或服务要经过很多环节才能传递到消费者手中。"

【误】核电厂运行期间的安全壳完整性监督总体上有两项工作内容：安全壳密封性监测、安全壳结构形变监测，日常泄漏率监测是安全壳密封性监测的工作内容之一。

【正】核电厂运行期间的安全壳完整性监督总体上有两项工作内容：安全壳密封性监测、安全壳结构形变监测。日常泄漏率监测是安全壳密封性监测的工作内容之一。

> **辨析** 冒号提示范围无论是一句话、几句话，还是几段话，都应与提示性话语保持一致，即在该范围的末尾要用句号点断。应避免冒号涵盖范围过窄或过宽。

【误】G·Piant

【正】G. Piant

【辨析】 外文人名中的姓和名有缩写字母的，用下脚点分隔，而不用中文间隔号。

【误】E·策勒尔
【正】E. 策勒尔
【辨析】 外国人名如果是外文缩写字母与中文译名并用，外文缩写字母后面不用中文间隔号，应用下脚点。

【误】《牛津高阶英汉双解词典·缩印本》已经出版发行。
【正】《牛津高阶英汉双解词典》缩印本已经出版发行。
【辨析】 缩印本不是书名，是在完全保留原版内容的基础上，将字体和间距缩小，使图书的价格便宜、方便携带的一种版本。原句或改为"《牛津高阶英汉双解词典》（缩印本）已经出版发行"。

【误】

序号	项目	单位	《达标》标准	实际完成情况

【正】

序号	项目	单位	达标标准	实际完成情况

【辨析】 达标不是一部标准，因此应删去书名号。

【误】在编写本教材的过程中，根据高等学校热能动力专业《工程热物理》基础课的特点……
【正】在编写本教材的过程中，根据高等学校热能动力专业工程热物理基础课的特点……
【辨析】 GB/T 15834—2011《标点符号用法》A.13.1 规定："不

能视为作品的课程、课题、奖品奖状、商标、证明、组织机构、会议、活动等名称不应用书名号。"

【误】针对双极双 12 脉动串联的换流器主回路的三种方案（400+400/500+300/600+200）kV……

【正】针对双极双 12 脉动串联的换流器主回路的三种方案 400kV+400kV、500kV+300kV、600kV+200kV……

辨析 此处用分隔号易与数学公式中的除号混淆，反而表达不清。

【误】对于《福布斯》中文版拥有版权和或其他知识产权的任何内容，任何人不得复制、转载、摘编。

【正】对于《福布斯》中文版拥有版权和/或其他知识产权的任何内容，任何人不得复制、转载、摘编。

辨析 分隔号可以分隔供选择或可转换的两项，表示"或"，因此"和"与"或"中间加分隔号。

6.4 翻译常见问题

翻译就是将一种语言文字的意义用另一种语言文字表达出来。翻译作品应该忠于原著。在中国大陆所出版的翻译作品中，多数是将英文版的作品翻译为中文。在翻译的过程中，常出现因粗心大意引起的错误，比如前后不一致，不使用固定译法而自造新的译法，不了解名人的外文译法而译错，使用旧的译称等。

6.4.1 人名翻译问题

【误】Dmitry Medvedev（米特里·梅德韦杰夫）；Bin Laden（本拉登）

【正】Dmitry Medvedev（德米特里·梅德韦杰夫）；Bin Laden（本·拉登，或本·拉丹）

辨析 这是同一书稿中的两个人名。对政治人物姓名的翻译应谨慎，应与我国主流媒体的用法一致（以新华社的译名为准），并应注意外国人名用中文表示时应用间隔号标示内部的分界。

【误】麦可斯韦

【正】麦克斯韦

辨析 有的人名专用名词译得不准确。著名人物的翻译应使用惯用译法。

【误】Mencius 译作"门修斯"。

【正】Mencius 译作"孟子"。

辨析 某书中很多译名极不规范，最广为人知的是将中国的孟子（Mencius）译为"门修斯"。

【误】某名校历史系学者在学术专著中将"Chiang Kai-shek"译为"常凯申"。

【正】"Chiang kai-shek"应译为"蒋介石"。

辨析 "Chiang Kai-shek"是"蒋介石"的威妥玛式拼音写法。作者、编辑应注意一些政治家的惯用外文写法，不要出现此类常识性错误。

另外，对外文原文和译文要严格把关，对散布在外文原文或译文中的带有西方政治观点和违背我国基本国情、伤害中华民族感情的文字应进行删改，问题严重的要全文撤换。

6.4.2　地名或机构名翻译问题

【误】The London Organising Committee of the Olympic Games（伦敦奥委会）

【正】The London Organising Committee of the Olympic Games（伦敦奥组委）

辨析 属未经考虑自造词的情形。有"英国奥委会"，但是没有"伦敦奥委会","伦敦奥委会"是"伦敦奥组委"之误。

【误】EU（欧共体）

【正】EU（欧盟）

辨析 EU 是 European Union 的缩写，而"欧共体"的缩写是 EC，全称为 European Community。"欧共体"即"欧洲经济共同体"（又简称"欧洲共同体"）早已于 1993 年 11 月 1 日改称为欧洲联盟（简称"欧盟"）。

【误】Seoul（汉城）

【正】Seoul（首尔）

辨析 这是一本英文学习方面的书稿中的注释。韩国首都的中文称呼已于 2005 年 1 月开始使用"首尔"，而不应再用"汉城"（历史性的陈述除外）。

【误】亚马逊河

【正】亚马孙河

辨析 地名翻译应参考 GB/T 17693《外语地名汉字译写导则》系列国家标准的规定或使用最新出版的官方地图中的名称。

【误】The sun sets regularly on the Union Jack these days，but never on the English language.

现在太阳从英国国旗上有规律地落下，但是英语却不是这样。

【正】The sun sets regularly on the Union Jack these days，but never on the English language.

现在，英国已经不是"日不落"帝国了，但是，英语却广泛流行使用着。

辨析 缺乏背景知识造成了翻译错误。

6.4.3　术语等翻译问题

【误】××因谐波和瞬变方面工作的成就，当选为电气电子工程师学会（IEEE）会员（Fellow）。

【正】××因谐波和瞬变方面工作的成就，当选为电气电子工程师学会（IEEE）会士（Fellow）。

辨析　书稿中把 Fellow 译作"会员"是不合适的，从该段文字的下文曾提及"高级会员"和"会员"可知，Fellow 的级别更高，因此 Fellow 可译作"会士""特别会员"或者其他合适的名称。

【误】计程车、计算机程式、软体/硬体

【正】出租车、计算机程序、软件/硬件

辨析　词语的翻译不应使用特定的港台用语。

【误】power factor 力率，功率因素

【正】power factor 功率因数

辨析　科技术语的翻译应使用全国科学技术名词委员会审定过的术语。力率是功率因数的旧称，功率因素是功率因数的误用。factor 一词一般译为"因数"或"因子"。

【误】IGBT 绝缘栅双极型晶闸管

【正】IGBT 绝缘栅双极型晶体管

辨析　IGBT 全称是 insulated gate bipolar transistor，应译为"绝缘栅双极型晶体管"。误译的主因是没有仔细核查缩写词的全称，"晶闸管"的英文为 thyristor，只看缩写词不易分辨。

7

编辑加工常见问题

编辑加工是一项细致的工作，要求编辑一句一字一符地推敲修改，不放过一个疑点。每一次落笔都是对编辑的专业知识和出版知识的检验，可谓"下笔重千斤"。对书稿内容的增删要经过作者的授权，不能随意而为之。编辑加工必须改之有据，即必须遵循三大原则：①尊重作者，忌强加于人；②改必有据，忌无知妄改；③依据规范，忌滥施刀斧。编辑加工应严格遵守国家有关标准规定。本章就科技书稿编辑加工过程中遇到的常见错误进行辨析。

7.1 缩略语使用常见问题

缩略语，也称"略语""简称"，是现代语言词汇系统中的重要组成部分。

缩略语一般指中文缩略语（包括数字缩略语）和英文缩略语。中文缩略语相对来说含义明确，使用相对规范。英文缩略语因形式所限，往往存在同形不同义的现象，且还在不断地涌现，易出现使用不规范、词义不明等问题。2010年，新闻出版总署《关于进一步规范出版物文字使用的通知》（新出政发〔2010〕11号）对不规范用语现象做了要求。编辑要注意缩略语的使用时间、范围、地域、语境等，尽可能规范、合理地使用。

自造或使用频率不高的缩略语，一般在首次出现时应先用全称，在括号内加注"简称××"或"以下简称××"，然后再在下文使用简称。专业书稿中的英文缩略语，一般应加注英文全称及中文译称。加注的形式全书应统一。

使用缩略语要注意多方查阅，如可查阅《现代汉语缩略语词典》、《汉语缩略语词典》、《英语缩略语词典》、《牛津缩略语词典》、《现代汉语词典》（第 6 版）中"西文字母开头的词语"部分等资料，或查询 www.cnctst.cn 等其他网上可信资源。

【误】……9 天的现场诊断，一本包含 16 项节能改造建议的诊断书，是中德"能效管理与技术应用"合作项目组送给中天钢铁的"礼物"。

【正】……9 天的现场诊断，一本包含 16 项节能改造建议的诊断书，是中德"能效管理与技术应用"合作项目组送给江苏省常州中天钢铁集团有限公司（简称"中天钢铁"）的"礼物"。

辨析 一般，除了人们比较熟悉的如"欧盟""世贸组织"以外，对比较长的单位名称，在首次出现时应先使用全称，在括号内加注"简称×××"，然后再在下文中使用简称。

【误】本书介绍了 OPGW 的构成、规格、试验方法等内容。

【正】本书介绍了光纤复合架空地线（optical fiber composite overhead ground wire，OPGW）的构成、规格、试验方法等内容。

辨析 "OPGW"为专业性较强的英文缩略语，且在书中为首次出现，可先介绍全称，再用括号加注简称，之后即可使用缩略语。

【误】在 GIS 安装过程中，此工法经过实践检验，完全能够满足安装的技术质量要求，同时操作简便。

【正】在 GIS（gas insulated unetal enclosed switchgear and controlgear，气体绝缘金属封闭开关设备）安装过程中，此工法经过实践检验，完全能够满足安装的技术质量要求，同时操作简便。

辨析 文中"GIS"与另一个英文缩略语"GIS"（地理信息系统）同形不同义，源自不同词语。对此要根据语境区别其含义。为避免歧义应加注。

7.2 插图常见问题

插图，是图书的重要内容。插图的位置要考虑与正文内容的衔接，图的位置一般不要超前，可以略微延后，但不能超越所在节范围。有说明文字的，一般排在图下或图的侧面，要特别注意核对图与文是否配套，防止张冠李戴。照片图中人物的"左右"应以读者视角来分。跨页图必须双页码跨单页码。横置图一律朝向左侧，即逆时针转 90°。图的顺序号一般应按章编排。此外，还要防止图的倒置和反片。

图经常出现先见图后见文，不见文只见图，只见文不见图，文图相距太远，文与图的序号不对应，文图内容不对应，图名与图的内容风马牛不相及或图名不贴切，缺图名、分图名，框图逻辑关系不清晰等问题。

7.2.1 图名常见问题

【误】一、电流互感器的事故

某供电公司 2013 年 110、220kV 互感器事故按互感器类型分类见图 2-27。

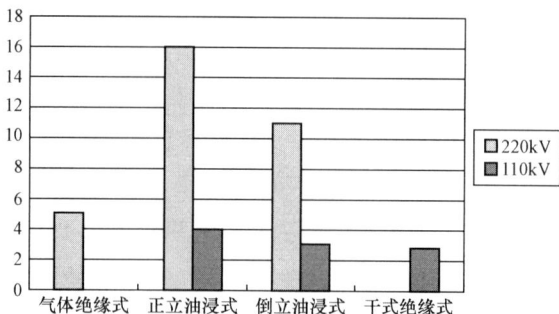

图 2-27 110、220kV 互感器事故按互感器类型分类图

【正】图名应改为："某供电公司 2013 年 110、220kV 不同类型

电流互感器事故次数统计"。正文中相应文字也应一并修改。

辨析 图名不贴切。根据正文分析，该图不是事故分类，而是事故次数统计；互感器分为电流互感器和电压互感器，图名应写明。

7.2.2 图文对应问题

【误】图 2-13 所示为变压器的等效电路。正常运行时，开关 K 闭合；发生短路故障时，通过有关的电流监测回路，当电流大于预先设定值时，开关 K 打开。此时二次侧开路，变压器相当于一次侧阻抗和励磁阻抗串联到系统中。

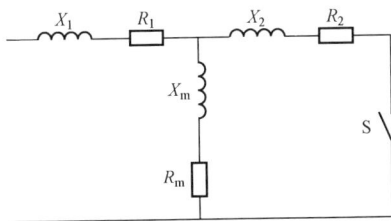

图 2-13 变压器的等效电路

【正】图 2-13 所示为变压器的等效电路。正常运行时，开关 S 闭合；发生短路故障时，通过有关的电流监测回路，当电流大于预先设定值时，开关 S 打开。此时二次侧开路，变压器相当于一次侧阻抗和励磁阻抗串联到系统中。

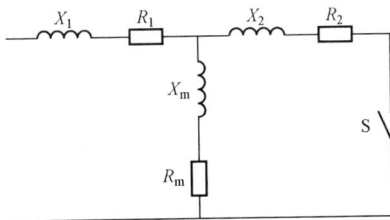

图 2-13 变压器的等效电路

辨析 根据电气专业有关标准，正文中的"开关 K"应改为"开关 S",与图中一致。不同专业所用图形符号和文字符号有不同规定,编辑应遵循有关专业标准的规定。

7.2.3 流程图问题

【误】　　　　　　　　　　　　　【正】

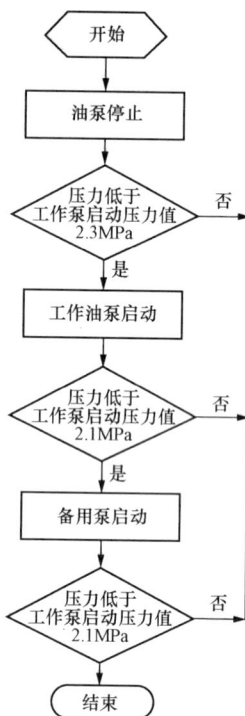

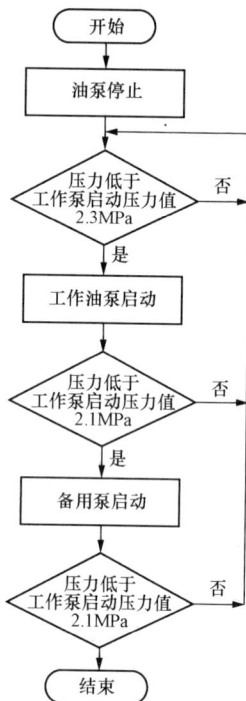

图 2-9　启停油泵流程　　　　　图 2-9　启停油泵流程

辨析　①图 2-9 中 3 个判断框右侧出口的箭头没有最终的指向;②根据 GB/T 1526—1989《信息处理　数据流程图、程序流程图、系统流程图、程序网络图和系统资源图的文件编制符号及约定》,"开始"框的形状应为"⟨⎯⎯⟩",且应与"结束"框的形状一样。

7.3 表格常见问题

表格，是图书内容的一种重要表现形式。表格的格式一般是先排表序、表名，然后排表头、横竖表线、数字、注释、资料来源等。表序一般由章序和表格顺序组成；表头有横竖两种，必要时可以互换；表中项目的隶属关系要清晰，续表必须加表头；跨页表必须双页跨单页；表中数字一般以末位数对齐，注意不要错格。卧排表应顶左底右。

图书中的表格，起着概括表述较多分类内容或数据及其相互关系的作用，具有简明、系统、一目了然的特点。因此，一般图书中常设有各种各样的表格，既节省篇幅，又条理清晰。表格的设计应该科学、明确、简洁，具有自明性。

表格常见问题有：先见表后见文，不见文只见表，只见文不见表，文表相距太远，文与表的序号不对应，表名不准确，表头错误，缺表名，续表缺少"续表"字样，数据单位标注不规范等。

7.3.1 表名、表头问题

【误】2013年某供电公司500kV电流互感器事故按互感器类型分类表见表2-2。

表2-2　500kV电流互感器事故按互感器类型分类表

电压等级	气体绝缘式	正立油浸式	国外油浸式	国外气体式
500kV	11	8	8	2

【正】

表2-2　500kV不同类型电流互感器事故次数统计

电压等级	气体绝缘式	正立油浸式	国外油浸式	国外气体式
500kV	11	8	8	2

辨析 表名不准确。根据正文内容，此表不是事故类型分类表，而是事故次数统计表。正文相应文字应一并修改。

【误】

表 4-3　微型燃气轮机成本与性能

成本与性能假设	100kW 微型燃气轮机		成本与性能假设	100kW 微型燃气轮机	
时间	2005 年	2020 年	发电效率（HHV）/%	25.7	36.0
总安装成本/（美元/kW）	1970	915	总效率/%	59	65
运行维护费用/［美元/（kW·a）］	90.00	75.00	热回收率/%	45	46
热耗/［Btu[①]/（kW·h）］	13306	9477	电热比	0.76	1.24

注　2020 年数据为预测值。

① Btu 为英制热单位，1Btu=1055.06J。

【正】

表 4-3　100kW 微型燃气轮机 2005 年、2020 年性能参数与成本

性能参数与成本	2005 年	2020 年
总安装成本/（美元/kW）	1970	915
运行维护费用/［美元/（kW·a）］	90.00	75.00
热耗/［Btu[①]/（kW·h）］	13306	9477
发电效率/%	25.7	36.0
总效率/%	59	65
热回收率/%	45	46
电热比	0.76	1.24

注　2020 年数据为预测值。

① Btu 为英制热单位，1Btu=1055.06J。

辨析 本例有多处错误，自明性较差。

（1）表名不准确。应改为"100kW 微型燃气轮机 2005 年、2020 年性能参数与成本"。

（2）表头设计混乱。①栏目名称"成本与性能假设"不当，应改为"性能参数与成本"。②时间"2005 年、2020 年"只列在表的左半边，使表看起来逻辑混乱。③"100kW 微型燃气轮机"没有必要出现在表头里，此例却出现了两次。

7.3.2 表格整体设计问题

【误】表 4-8 列出了 100kW 微型燃气轮机 2005 年、2020 年的成本组成（2020 年数据为预测值）。

表 4-8　燃料电池成本明细表

成本组成 \ 时间 \ 项目	100kW 微型燃气轮机		成本组成	100kW 微型燃气轮机	
	2005 年	2020 年	安装与土建工程/（美元/kW）	285	145
功率/kW	200	200	工程管理/（美元/kW）	180	65
组件成本/（美元/kW）	2425	900	总承包商利润/（美元/kW）	310	125
余热回收装置/（美元/kW）	75	75	临时费用与担保/（美元/kW）	105	40
互联开关设备/（美元/kW）	75	35	建设期运输费/（美元/kW）	220	45
辅助设备/（美元/kW）	0	0	总成本/（美元/kW）	3875	1630

【正】表 4-8 列出了 100kW 微型燃气轮机 2005 年、2020 年的成本组成（2020 年数据为预测值）。

表 4-8　　100kW 微型燃气轮机 2005 年、2020 年的成本组成

成　本　组　成	2005 年	2020 年
功率/kW	200	200
组件成本/（美元/kW）	2425	900
余热回收装置/（美元/kW）	75	75

成 本 组 成	2005 年	2020 年
互联开关设备/（美元/kW）	75	35
辅助设备/（美元/kW）	0	0
安装与土建工程/（美元/kW）	285	145
工程管理/（美元/kW）	180	65
总承包商利润/（美元/kW）	310	125
临时费用与担保/（美元/kW）	105	40
建设期运输费/（美元/kW）	220	45
总成本/（美元/kW）	3875	1630

辨析（1）表名不正确。正文中说的是"100kW 微型燃气轮机成本组成"，但表名却是"燃料电池……"。

（2）表格整体设计混乱，没有自明性。左侧为斜线表头，右侧为横线表头。左侧表头有"2005 年、2020 年"之分，右侧没有。

7.4　数学符号和公式问题

科技书稿中数学符号、公式的编辑依据为 GB 3102.11—1993《物理科学和技术中使用的数学符号》。本节介绍除公式本身内容错误外的数学符号使用、公式编排、数字使用等常见问题。

7.4.1　数学符号使用常见问题

【误】f（x）；$sinx$

【正】$f(x)$；$\sin x$

辨析　根据 GB 3102.11—1993 规定：一般函数的符号 $f(x)$ 应为斜体。对具有特殊定义的函数（例如 sin，exp，ln，Γ等）应用正体字母表示。

【误】（1）公式 $i = \dfrac{U}{R} e^{-\frac{t}{\tau}}$；（2）$f_0 = \dfrac{1}{2\pi\sqrt{LC}}$；（3）$u = dW/dq$；（4）$\Delta x = 0.01$；（5）矩阵 A^T

【正】（1）$i = \dfrac{U}{R} \mathrm{e}^{-\frac{t}{\tau}}$；（2）$f_0 = \dfrac{1}{2\pi\sqrt{LC}}$；（3）$u = \mathrm{d}W/\mathrm{d}q$；（4）$\Delta x = 0.01$；（5）矩阵 $\boldsymbol{A}^{\mathrm{T}}$

辨析 上述 e、π、j、d、Δ均应为正体。根据 GB 3102.11—1993，对于其值不变的数学常数（例如 e=2.718 281 8…，π=3.141 592 6…，$\mathrm{i}^2 = -1$ 等）用正体字母表示，具有特殊定义的算子（例如 div，δx 中的δ及 df/dx 中的 d）也用正体字母表示。矩阵 $\boldsymbol{A}$ 的转置矩阵是 $\boldsymbol{A}^{\mathrm{T}}$，"$\boldsymbol{A}$"应是黑体斜体，上角标"T"应为白体、正体。

【误】$m \times n$ 型矩阵 $\boldsymbol{A}$ 的表示形式：

$$\begin{pmatrix} A_{11} \cdots A_{1n} \\ A_{m1} \cdots A_{mn} \end{pmatrix} \text{或} \begin{pmatrix} A_{11} \cdots A_{1n} \\ \cdots\cdots\cdots\cdots \\ A_{m1} \cdots A_{mn} \end{pmatrix}$$

【正】

$$\begin{pmatrix} A_{11} & \cdots & A_{1n} \\ \vdots & & \vdots \\ A_{m1} & \cdots & A_{mn} \end{pmatrix} \text{或} \begin{bmatrix} A_{11} & \cdots & A_{1n} \\ \vdots & & \vdots \\ A_{m1} & \cdots & A_{mn} \end{bmatrix}$$

辨析 GB 3102.11—1993 中 2.10 规定了 $m \times n$ 型矩阵 $\boldsymbol{A}$ 的表示形式。相应地，对方阵 $\boldsymbol{A}$ 的行列式的形式也有类似规定。

【误】$\sin^{-1}x$；$\tan^{-1}x$

【正】arcsin$x$；arctan$x$

辨析 按 GB 3102.11—1993 规定，x 的反正弦、反正切函数不采用 $\sin^{-1}x$，$\tan^{-1}x$ 等符号，因为可能被误解为 $(\sin x)^{-1}$，$(\tan x)^{-1}$ 等。

7.4.2 公式编排常见问题

【误】$f=ma$

f——力；

m——质量。

【正】
$$f=ma$$

式中　f——力，N；

　　　m——质量，kg；

　　　a——加速度，m/s²。

辨析　公式中的量注释不全，应补全。各物理量的注释应写单位。

【误】
$$\sigma_{yx} \geqslant \sigma \text{或} \sigma_{yx} \geqslant \frac{F^{(3)}}{S}$$

式中　σ_{yx}——母线的允许应力，Pa；

　　　σ——三相短路时母线的应力，Pa；

　　　$F^{(3)}$——三相短路时母线承受的最大电动力，kg；

　　　S——母线实际截面积，mm²。

【正】
$$\sigma_{yx} \geqslant \sigma \text{或} \sigma_{yx} \geqslant \frac{F^{(3)}}{S}$$

式中　σ_{yx}——母线的允许应力，MPa；

　　　σ——三相短路时母线的应力，MPa；

　　　$F^{(3)}$——三相短路时母线承受的最大电动力，N；

　　　S——母线实际截面积，mm²。

辨析　公式中量的单位误用。应力σ_{yx}、σ的单位应为"MPa"（兆帕），力$F^{(3)}$的单位应为"N"（牛），这时公式两边的量纲才一致。

7.4.3 数字使用常见问题

数字用法应以 GB/T 15835—2011《出版物上数字用法》为依

据。书稿中数字使用常见的问题是，何时应采用阿拉伯数字，何时应采用汉字数字。与 GB/T 15835—1995 比，GB/T 15835—2011 不再有明显强调使用阿拉伯数字的倾向。

【误】10 几天

【正】十几天

辨析 根据 GB/T 15835—2011《出版物上数字用法》4.2.2 规定："数字连用表示的概数、含'几'的概数，应采用汉字数字。"

【误】8～11 万吨；7～13 亿元

【正】8 万～11 万吨；7 亿～13 亿元

辨析 根据 GB/T 15835—2011《出版物上数字用法》5.1.3 的规定："前后两个数值的附加符号或计量单位相同时，在不造成歧义的情况下，前一个数值的附加符号或计量单位可省略。如果省略数值的附加符号或计量单位会造成歧义，则不应省略。"此例中"万""亿"不应省略。

【误】$3～8×10^3$

【正】$3×10^3～8×10^3$

辨析 书写具有相同幂次的数值范围，每个数值中的幂次都要重复写出。参见 GB/T 15835—2011 中 5.1.3 的规定。

【误】××尺寸为 $30×40×50cm$ 或 $30×40×50cm^3$。

【正】××尺寸为 $30cm×40cm×50cm$。

辨析 根据 GB/T 15835—2011，此例每个量值的单位均应一一写出。

7.4.4 极限值、数值增减及概数使用问题

【误】220V±5%。

【正】220×（1±5%）V 或（220±11）V，220V±11V。

辨析 220V±5%这种表示相对误差的方法不符合代数学基本规则。

【误】×××的价格从 400 元/t 增加到 1200 元/t，涨了 3 倍。

【正】×××的价格从 400 元/t 增加到 1200 元/t，涨了 2 倍。

辨析 涨了 3 倍为 1600 元/t，1200 元/t 是涨为原价的 3 倍，或涨了 2 倍。应注意区分"增加了""增加为""增加到"等的异同。

【误】今年我厂产品的废品数比去年下降了 5 倍。

【正】今年我厂产品的废品数比去年下降了 1/5（或 20%）。

辨析 下降不能用倍数，要用分数（或百分数）表示。

【误】中文摘要一般不宜超过 200～300 字。

【正】中文摘要一般为 200～300 字。

辨析 超过范围 200～300，则可能小于 200 字，也可能大于 300 字，与要求 200～300 字之间相悖。

【误】$\phi \geqslant 13 \sim 15 cm$

【正】$\phi \geqslant 13 cm$ 或 $13 cm \leqslant \phi \leqslant 15 cm$

辨析 大于或等于号后边只能为一个数值，不能是范围。应据实际情况进行修改。

【误】最高气温为 35～38℃。

【正】最高气温为 38℃。

辨析 "最高"不应为一个范围。

【误】…最小电流为 12A 左右。

【正】…最小电流为 12A。

辨析 "最大"和"最小"不应与概数连用，否则不合逻辑。

7.5 量和单位问题

除古籍和文学书籍外，所有出版物特别是教科书和科技书刊，在使用量和单位时，都应符合 GB 3100—1993《国际单位制及其应用》，GB 3101—1993《有关量、单位和符号的一般原则》，GB 3102.1~3102.13—1993《空间和时间的量和单位》《周期及其有关现象的量和单位》《力学的量和单位》等的规定（注意：这些标准是强制性标准）。科技书稿量和单位使用中常见的问题有：量的名称及量的符号使用不当；单位名称和单位符号使用不当；SI 词头使用不正确。

7.5.1 量的名称常见问题

【误】iPad 的厚度为 13.4 毫米，iPad2 的厚度为 8.8 毫米，iPad2 的厚度比 iPad 减少了 34%，因此 iPad2 显得更精致，重量也更轻，仅 589g。

【正】iPad 的厚度为 13.4 毫米，iPad2 的厚度为 8.8 毫米，iPad2 的厚度比 iPad 减少了 34%，因此 iPad2 显得更精致，也更轻巧，质量仅 589g。

辨析 当作为"质量"时，不能使用"重量"一词。本例"重量也更轻"实际指的是"质量"（注：人民生活和贸易中，质量习惯称为重量）。

【误】要想电源输出较大的功率，就必须有较高的电压和较大的电流强度。

【正】要想电源输出较大的功率，就必须有较高的电压和较大的电流。

辨析 电流强度为废弃的量的名称。

【误】水的比重在 4℃时为 $10^3kg/m^3$ 或 $1g/cm^3$。

【正】水的密度在 4℃时为 $10^3kg/m^3$ 或 $1g/cm^3$。

辨析 不应使用已废弃的旧名称。力学中，"比重"为已废弃的旧名称。

【误】这个灯泡的瓦数是 40W。

【正】这个灯泡的功率是 40W。

辨析 不应使用"量的单位+数"构成量的名称。

7.5.2　量的符号常见问题

【误】转矩 zj

【正】转矩 M 或 T

辨析 应使用 GB 3102.3—1993《力学的量和单位》规定的符号，不能随意自造物理量的符号。

【误】磁感应强度 H

【正】磁感应强度 B

辨析 H 为磁场强度的符号，B 为磁感应强度的符号，不可混淆。

【误】……，Pi 为电动机的输入功率，Po 为电动机的输出功率，……。

【正】……，P_i 为电动机的输入功率，P_o 为电动机的输出功率，……。

辨析 下角标应使用规定的符号。输入功率、输出功率符号中的 i、o 应是下角标（英文小写正体），不是平身。

【误】电压 U_i（i=1，2，3，…）

【正】电压 U_i（i=1，2，3，…）

辨析 代表变动性数字的字母作下角标，用斜体。

【误】小李为了探究某电阻的阻值 R（Ω）与温度 T（℃）的关系，设计了下面的电路，……

【正】小李为了探究某电阻的阻值 R（Ω）与温度 t（℃）的关系，设计了下面的电路，……

辨析 GB 3102.4—1993《热学的量和单位》规定，摄氏温度的符号为 t，θ（单位为摄氏度），热力学温度的符号为 T，（Θ）（单位为开〔尔文〕），二者不应混淆。括号中的符号"Θ"为"备用符号"。

7.5.3 单位名称常见问题

【误】电能计量单位名称：度；频率计量单位名称：周；容积计量单位名称：西西；压力计量单位名称：千克力每平方米、毫米汞柱。

【正】电能计量单位名称：千瓦〔特〕〔小〕时；频率计量单位名称：赫〔兹〕；容积计量单位名称：毫升；压力计量单位名称：帕〔斯卡〕。

辨析 此 4 例均使用了废弃的单位名称，应使用法定计量单位名称。注意：无方括号的单位名称为全称。方括号中的字，在不致引起混淆、误解的情况下，可以省略。去掉方括号及其中的字即为其名称的简称。（参见 GB 3100—1993。）

7.5.4 单位符号常见问题

【误】1kw；50db
【正】1kW；50dB

辨析 应注意单位符号的大小写。GB 3100—1993《国际单位制及其应用》6.2.1 规定："单位符号一律用正体字母，除来源于人名的单位符号第一字母要大写外，其余均为小写字母（升的符号 L 除外）。"此 2 例"W""B"源于人名"瓦特""贝尔"，故用大写。

【误】km/时
【正】km/h（或千米/时）

辨析 GB 3100—1993《国际单位制及其应用》6.1.5 规定："不应在组合单位中同时使用单位符号和中文符号。"

【误】W/m/K

【正】W/（m·K）

辨析 GB 3100—1993 中 6.2.2 规定："当用单位相除的方法构成组合单位时，其符号可采用下列形式之一：m/s；$m \cdot s^{-1}$；$\dfrac{m}{s}$。除加括号避免混淆外，单位符号中的斜线（/）不得超过一条。在复杂的情况下也可以使用负指数。"此例相除组合单位中的斜线"/"多于一条是不正确的。此外，组合单位分母中包含两个及以上单位符号相乘时，整个分母一般应加括号，如 t/（kW·h）。

【误】80 千米/小时；5 平方米；50 赫兹

【正】80 千米/时（或 80km/h）；5 米^2（或 $5m^2$）；50 赫（或 50Hz）

辨析 单位符号使用不当。需要注意的是，根据 GB 3100—1993 规定"单位的名称及其简称，用于口述，也可用于叙述性文字中。""单位名称的简称可用作该单位的中文符号（简称'中文符号'）。中文符号只在小学、初中教科书和普通书刊中在有必要时使用"。编辑在加工书稿时要根据不同的书稿内容，使用符合规范的单位名称和单位符号。

【误】研究人员认为，北半球许多地方的日均二氧化碳体积分数将于 2013 年 5 月全面超过 400ppm 这一关口。

【正】研究人员认为，北半球许多地方的日均二氧化碳体积分数将于 2013 年 5 月全面超过 400×10^{-6} 这一关口。

辨析 ppm、ppb、pphm 不是单位符号，GB 3101—1993 2.3.3 明确指出，不能使用这类缩写。

【误】某大厦屋顶光伏电站装机容量为 30kWp，该电站由 120 块多晶硅电池组件构成。120 块组件分为 6 串（每串 20 块），分别接入并网光伏逆变器的 6 个输入端。光伏逆变器的输出电压为 400Vac……

【正】某大厦屋顶光伏电站装机容量为 30kW，该电站由 120 块多晶硅电池组件构成。120 块组件分为 6 串（每串 20 块），分别接入并网光伏逆变器的 6 个输入端。光伏逆变器的交流输出电压为 400V……

辨析 根据 GB 3100—1993 中 6.1.3 规定："单位符号没有复数形式，符号上不得附加任何其他标记或符号。"此例在功率和电压的单位符号"W""V"的下角附加其他符号是不正确的。

【误】100bps；3000rpm

【正】100bit/s；3000r/min

辨析 此 2 例均为误用英文缩写作单位符号。应使用标准规定的单位符号。

【误】磁场强度为 1000Gs

【正】磁场强度为 1000A/m

辨析 磁场强度的单位名称为安［培］每米，符号是 A/m。

7.5.5 SI 词头使用常见问题

【误】一防盗报警电路如图××所示（图略），其输入端经 1k 电阻接至 5V 电源。……

【正】一防盗报警电路如图××所示（图略），其输入端经 1kΩ 电阻接至 5V 电源。

辨析 根据 GB 3100—1993《国际单位制及其应用》3.3 的规定，词头用于构成倍数单位，不得单独使用词头。

【误】mμm（毫微米）；μμF（微微法）

【正】nm（纳米）；pF（皮法）

辨析 此 2 例重叠使用词头。GB 3100—1993《国际单位制及其应用》3.3 规定，不能重叠使用词头。

【误】N·km

【正】kN·m

辨析 根据 GB 3100—1993《国际单位制及其应用》4.3 规定，此例组合单位的词头 k 应加在第一个单位之前。

【误】……，此电路中的电容为 5uF，……

【正】……，此电路中的电容为 5μF，……

辨析 词头符号希文"μ"误写成英文"u"。

附录　图书编校常用标准名录

1．GB 3100～3102—1993 量和单位

2．GB/T 5795—2006 中国标准书号

3．GB/T 7714—2005 文后参考文献著录规则

4．GB/T 8170—2008 数值修约规则与极限数值的表示和判定

5．GB/T 12450—2001 图书书名页

6．GB/T 12451—2001 图书在版编目数据

7．GB/T 14706—1993 校对符号及其用法

8．GB/T 14707—1993 图像复制用校对符号

9．GB/T 15834—2011 标点符号用法

10　GB/T 15835—2011 出版物上数字用法

11．GB/T 16159—2012 汉语拼音正词法基本规则

12．GB/T 17693 外语地名汉字译写导则

13．GB/T 28039—2011 中国人名汉语拼音字母拼写规则

14．GF 1001—2001 第一批异形词整理表

15．CY/T 35—2001 科技文献的章节编号方法

参 考 文 献

［1］米戎. 书稿中差错类型探析及对策［J］. 编辑之友，2009（6）：69-71.

［2］谭桂声. 怎样避免政治性差错［J］. 中国编辑，2006（6）.

［3］罗月花. 图书编校质量例证分析［M］. 广州：广东人民出版社，2012.

［4］王忠诚. 图书编校易出错误例析［M］. 哈尔滨：东北林业大学出版社，2012.

［5］汪继祥. 科学出版社作者编辑手册［M］. 北京：科学出版社，2004.

［6］陈浩元. 科技书刊标准化18讲［M］. 北京：北京师范大学出版社，1998.

［7］张绵厘. 实用逻辑教程［M］. 3版. 北京：中国人民大学出版社，2010.

［8］刘月华，潘文娱，故韡. 实用现代汉语语法［M］. 增订本. 北京：商务印书馆，2012.